KOSMOS *praxiswissen jagd*

Karl Brandt · Hans Behnke · Andreas David

Fährten- und Spurenkunde

Völlig aktualisierte Neuausgabe

KOSMOS

INHALTSVERZEICHNIS

Einleitung

▸ Vorwort 6
▸ Zur Fährte ... 7

Kapitel 1

▸ **Schalenwild – Geweihträger** 9
Das Rotwild 9
Das Damwild 19
Das Rehwild 24

Kapitel 2

▸ **Schalenwild – Hornträger und Schwarzwild** 30
Das Muffelwild 30
Das Gamswild 34
Das Schwarzwild 38

Kapitel 3

▸ **Raubwild und andere Beutegreifer** 43
Der Luchs 43
Die Wildkatze 45
Der Rotfuchs 48
Der Wolf 51
Der Marderhund 53
Der Waschbär 55
Der Dachs 57
Der Fischotter 60
Baum- und Steinmarder 63
Der Iltis 68
Der Mink 70
Hermelin und Mauswiesel 71

Kapitel 4

▸ **Hasenartige und Nagetiere** 74
Der Feldhase 74
Das Wildkaninchen 77
Der Biber 78
Der Nutria 79
Der Bisam 80
Das Eichhörnchen 82
Die Wanderratte 84

INHALTSVERZEICHNIS

Kapitel 5

Kapitel 7

- **Hühnervögel**   86
  Das Rebhuhn   86
  Der Fasan   89
  Die Wachtel   91
  Das Auerwild   92
  Das Birkwild   93

- **Tauben, Rabenvögel, Schreitvögel und Kranichartige**   102
  Die Ringeltaube   102
  Der Kolkrabe   103
  Die Aaskrähe   105
  Die Elster   106
  Der Graureiher   107
  Die Blessralle   108
  Das Grünfüßige Teichhuhn   109
  Der Kranich   110

Kapitel 6

- **Entenvögel, Lappentaucher, Wat- und Möwenvögel**   95
  Die Stockente   95
  Die Graugans   96
  Der Höckerschwan   97
  Der Haubentaucher   98
  Die Waldschnepfe   99
  Die Silbermöwe   100
  Die Lachmöwe   101

Kapitel 8

- **Losung, Gewölle und Fraßbilder** 112
  Losung und Gewölle   112
  Fraßbilder   114

Kapitel 9

- **Gipsabdrücke herstellen**   115

Service

- Zum Weiterlesen   117
- Impressum   118

Vorwort

Haben Sie schon einmal einen firmen Jagdhund beim Spaziergang im Jagdrevier beobachtet? Fortwährend holt er sich Wind, nimmt diese oder jene – für uns Menschen vielleicht unsichtbare – Fährte oder Spur an, orientiert sich ständig neu, umschlägt, holt sich wieder Wind und so weiter. Kurz gesagt: Er ergründet, wer oder was sich in überschaubarer Zeit vorher im Revier bewegt hat, was sich vielleicht noch in unmittelbarer Umgebung aufhält, oder wer vielleicht schon vor ein oder zwei Tagen nur „kurz zu Besuch" war.

Nun fehlen uns sicher die erstaunlichen olfaktorischen Leistungen unserer Hunde. Doch können wir es ihnen trotzdem bis zu einem gewissen Maße gleich tun. Allerdings sind wir dabei fast ausschließlich auf unsere Augen angewiesen, auf das, was wir sehen. Denn Wildtiere selbst auf Entfernungen von nur wenigen Metern zu „erriechen", gelingt uns so gut wie nie – von Ausnahmen beim Fuchs, dem Rotwild und dem Schwarzwild einmal abgesehen. Doch das, was wir ohne direkten Anblick an Wildzeichen optisch auf- und wahrnehmen können, reicht oftmals schon aus, ein ungefähres Bild von dem zu erhalten, was im Revier passiert. Ein ständig waches Auge und ein tiefes Interesse an den Abläufen in Natur und Umwelt, am Leben unserer Wildtiere sind die Grundvoraussetzungen. Alles weitere basiert auf Erfahrungen, gepaart mit jagdlicher Passion und einigen Grundkenntnissen.

Letztere möchten Ihnen, liebe Leserinnen und Leser, die folgenden Seiten vermitteln – wohlgemerkt ohne Anspruch auf Vollständigkeit. Die nämlich hätte angesichts der von Bundesland zu Bundesland momentan noch unterschiedlich weit aufgestockten 25 Haar- und etwa 75 Federwildarten (§ 2 BJG, Abs. 1) jeden Rahmen gesprengt. Nein – hier geht es um das, was den Jagdpraktiker interessiert und was ihm hilft. Es geht um die tatsächlich relevanten Wildarten, ergänzt durch wenige ähnliche oder anderweitig wichtige Trittsiegel von Wildtieren, die nicht dem Jagdrecht unterliegen, also nicht zum „Wild" zählen. Ziel dieser und kommender Auflagen dieses Buches ist es, die „Fährten- und Spurenkunde" im Sinne der geschätzten Karl Brandt und Hans Behnke zu bewahren, auch wenn diese Auflage eine vollständige Neufassung darstellt.

Kein Buch der Welt aber kann die Erfahrungen und Eindrücke ersetzen, die uns Natur und Umwelt täglich neu vermitteln. Fährten, Spuren und Geläufe stehen nicht vorm Kamin und nicht auf dem Wohnzimmer- oder Schreibtisch – sie stehen im Revier! Also, raus geht's ...

Undeloh *Andreas David*

Zur Fährte ...

Die Überschrift dieses Kapitels ist eigentlich nicht vollständig, denn bekanntlich hinterlassen nur die Hochwildarten eine Fährte. Natürlich geben uns auch sämtliche Niederwildarten unter anderem mit ihrer Spur oder ihrem Geläuf Hinweise auf ihre Anwesenheit und Ortswechsel. Die Überschrift – der Zuruf des Nachsuchenführers an seinen Hund – soll aber an dieser Stelle auch den Leser dieses Buches symbolisch „auf den richtigen Weg" bringen. Wie entsteht ein Fährtenbild, wie eine Spur oder ein Geläuf?

Bei den Haarwildarten gilt es zunächst zwischen den so genannten Zehengängern (*digitigrade* Tiere) und den ursprünglichen Sohlengängern (*plantigrade* Tiere) zu unterscheiden. Die Vertreter der ersten Gruppe berühren beim Gehen oder Laufen nur mit den horn- oder hautbedeckten Zehen beziehungsweise Zehenspitzen den Boden. Hierzu gehören alle Schalenwildarten sowie zum Beispiel die schnellen Läufer unter den Raubtieren. Das Schalenwild tritt gar nur noch mit den dritten und vierten Zehen- beziehungsweise Fingerstrahlen auf, im übertragenen Sinne – bei den Vorderläufen – also mit dem Mittel- und Ringfinger. Beide sind von den Schalen umschlossen, die gemeinsam mit den Zehenballen und eventuell dem Geäfter – den Schalen der reduzierten zweiten und fünften Zehen beziehungsweise Finger – die artspezifische Fährte hinterlassen.

Die zweite Gruppe umfasst jene Arten, die mit der ganzen Sohle auftreten. Hierzu zählen beispielsweise die Bären und der Dachs. Die Sohlengänger haben im Verhältnis zum Körper meist kurze Läufe und sind relativ langsam. Egal ob Zehen- oder Sohlengänger, kommen bei zahlreichen Haarwildarten mit Ausnahme des Schalenwilds die Abdrücke der Krallen, also der „Fuß- bzw. Fingernägel" hinzu. Die Geläufe des Federwildes geben die Abdrücke der Zehen in unterschiedlicher Zahl wieder, die durch Schwimmhäute, wie zum Beispiel bei den Entenvögeln, miteinander verbunden sein können, sowie bei einigen Arten die Mittelfußknochen.

Zum Abfährten oder Abspüren durch den Jäger ist die Bodenbeschaffenheit von entscheidender Bedeutung. Beste Bedingungen finden wir auf feuchtem Sand, auf feuchten lehmigen Böden sowie in nicht zu tiefem, aber etwas nassem oder angetautem Schnee. In Pulverschnee oder trockenem Sand kommt es nur selten zu klaren Abdrücken. Die Ränder der Spur oder Fährte sowie des Geläufs sind dort abgerundet, der Tritt selbst ist nur allzu oft mit nachrutschendem Schnee oder Sand gefüllt.

Das einzelne Trittsiegel verrät uns über die Art hinaus, ob das Stück klein oder groß, jung oder alt, leicht oder schwer, und eventuell, ob es weiblichen oder männlichen Geschlechts ist. Die Gesamtheit der Abdrücke informiert uns weiterhin über die Form der Gangart und über eventuelle Verletzungen – zum Beispiel durch Nichtaufsetzen eines Laufs. In hoher Flucht oder bei hetzenden Raubtieren greifen die Trittsiegel der Hinterläufe bei fast allen Haarwildarten neben oder vor die mittig gesetzten Abdrücke der Vorderläufe. Bei Federwildarten, die auf der Flucht ihr Heil zunächst auch laufend suchen, vor allem bei den Hühnervögeln, vergrößert sich dabei im Geläuf lediglich der Abstand des linken zum rechten Trittsiegel. Sternstunden bescheren uns im Winter die „Neue" (neuer Schnee auf altem) und in der übrigen Zeit ein heftiger Regenguss.

Besonders beim Schalenwild, aber auch bei einigen Raubwildarten empfiehlt es sich, nach der Ansprache des Wildes die Trittsiegel im fährten- oder spurgerechten Untergrund mit der Schuhsohle zu verwischen, im Schnee tut ein Reiser gute Dienste. Wer es genauer wissen will, legt so genannte Spürbahnen im Revier an. In der wärmeren Jahreszeit empfielt sich zum Aufrauhen und Glattziehen des Bodens eine Egge, im Schnee ist ein größerer Auto- oder Treckerreifen – mit Seil an der Hängerkupplung – das Mittel der Wahl.

Schalenwild – Geweihträger

Das Rotwild ◄ 9
Das Damwild ◄ 19
Das Rehwild ◄ 24

Das Rotwild

„Edelwild", „Edelhirsch", „König der Wälder" und zahlreiche andere Beinamen zieren das Rotwild (*Cervus elaphus* L.), die größte, noch halbwegs regelmäßig vorkommende heimische Schalenwildart bis heute, und zeugen von ihrer jahrhundertealten Wertschätzung durch die Jägerei. Kein Wunder also, dass das Rotwild auch im Bereich der Fährtenkunde die alles überragende Rolle spielte.

Besonders bei den Hirschen versuchte man möglichst viel Information über das einzelne Stück aus der Fährte und anderen Zeichen ziehen zu können. Manches davon hat sich bis heute in der jagdlichen Praxis bewährt. Andere Elemente sind schlichtweg überflüssig, und bei wieder anderen war offenbar der Wunsch der Vater des Gedankens.

Einer dieser Wünsche findet sich in einem Jäger-Lehrbuch von GEORG LUDWIG HARTIG aus dem Jahre 1811. Der Autor gibt dort eine Zeichnung und Tabelle wieder, in denen er der Breite des Trittsiegels von Vorder- und Hinterlauf sowie der Schrittlänge die Endenzahl des Hirsches zuordnete. Und bis vor etwa zehn Jahren meinten zahlreiche Jäger noch immer, sie könnten an der Form der Losung unzweifelhaft das Geschlecht eines Stückes Rotwild ansprechen.

Darüber hinaus entwickelte man eine eigene „Fährtensprache", die für einfachste Vorgänge und Tatsachen vielfach ebenso unverständliche wie überflüssige Begriffe fand. Keinesfalls soll an dieser Stelle das Können und Wissen der alten hirschgerechten Jägerei in ein schlechtes Licht gerückt werden. Doch wem nutzt es zu wissen, was zum Beispiel der „Burgstall" oder das „Näschen" ist? Der Jäger muss im Revier die Fährte erkennen und versuchen, dieser das Geschlecht und die ungefähre Stärke des Stückes zuzuordnen – nicht mehr und nicht weniger.

Der langen Rede kurzer Sinn: Von den ehemals 72 hirschgerechten und weiteren Zeichen bedarf es tatsächlich nur einiger weniger, gepaart mit einer guten Beobachtungsgabe und Jagdverstand, um die Informationen, die uns die „Hinterlassenschaften" des Rotwilds tatsächlich geben, in der jagdlichen Praxis nutzbringend umzusetzen. Und nur um die soll es im Folgenden gehen.

▶ **Allgemeines**

Das einzelne Trittsiegel des Rotwilds besteht – wie bei sämtlichen Paarhufern – zunächst aus dem Abdruck der *Schalen*, die den Fährtenumriss markieren. An deren Ende befinden sich die *Ballen*. Hinzu kommt das meist nur in der Fluchtfährte sichtbar werdende *Geäfter*, die Schalen der reduzierten zweiten und fünften Zehen bzw. Finger. Diese drei Körperteile können, je nach Bodenbeschaffenheit, das Fährtenbild des Rotwilds prägen. Der abgedrückte Ballen macht etwa zwischen 25 und 30 Prozent der Gesamtlänge eines Trittsiegels aus. Beim Damwild, dessen Fährte schon allein der Größe wegen als einzige mit jener des Rotwilds verwechselt werden kann, liegt dieser Wert bei etwa 50 bis 60 Prozent.

Die Hauptlast des Körpers ruht auch beim Rotwild auf den Vorderläufen. Dies ist der Grund, warum die Schalen und Ballen der Vorderläufe und folglich ihre Abdrücke oder Trittsiegel stärker ausgebildet sind als jene der Hinterläufe, was für männliches und weibliches Rotwild gleichermaßen gilt. Wobei schon hier angemerkt werden muss, dass sich die Ballen in der Tierfährte nur selten vollständig abdrücken. Die Unterschiede in der Stärke zwischen Vorder- und Hinterlauf treten mit zunehmendem Alter immer deutlicher zu Tage.

Allgemeingültige Regeln, nach denen man anhand der Fährtenstärke auf das Gewicht oder gar das exakte Alter eines Stückes Rotwild schließen könnte, gibt es nicht beziehungsweise kann es nicht geben. Zu groß sind die Schwankungen dieser Werte zwischen verschiedenen Rotwildpopulationen. Doch auch innerhalb ein- und desselben Rotwildbestands werden teilweise beachtliche Unterschiede deutlich. Mit einiger Kenntnis über die jeweils regionalen Rotwildvorkommen fällt es aber leicht, zumindest die Kälberfährte sowie jene besonders starker Hirsche oder Alttiere zu erkennen.

▶ **Hirsch oder Tier?**

Die Unterscheidung der Geschlechter ist selbst für den zunächst noch ungeübten Fährtenleser durch die Kombination von Form und Stärke des *Trittsiegels* sowie des *Schrankes* und der *Schrittlänge* (s. Abb.) relativ einfach. Bei den Hirschen sind in aller Regel die beiden Schalen vorn im Fährtenbild eng geschlossen (sofern sie nicht sogar aneinander stoßen) und hinterlassen ein stumpfes, rundes und in sich geschlossen wirkendes Trittsiegel. Die im Normalfall kleinere Fährte des Tie-

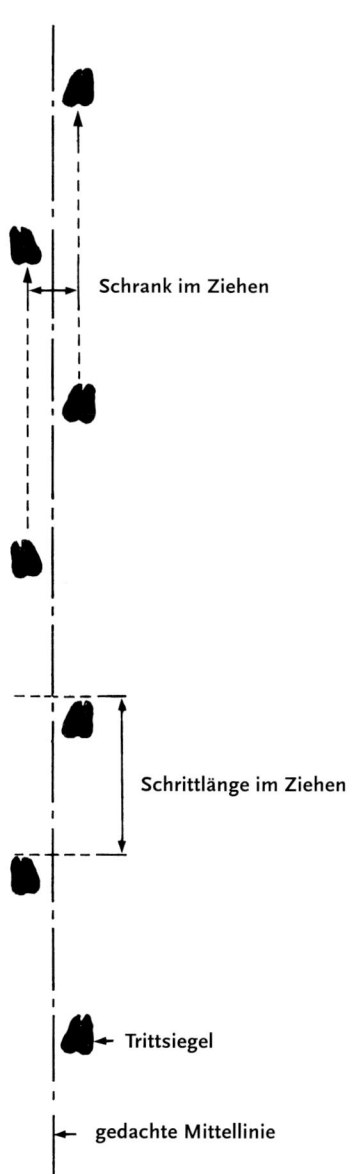

Fährtenmerkmale Schrank,
Schrittlänge und Trittsiegel

res wirkt spitzer, die Schalen sind auch im ruhigen Ziehen etwas gespreizt, der Abstand zwischen ihnen ist meist offensichtlich.

Hinzu kommt die absolute Länge und Breite. Schon die Trittsiegel des Schmalspießers erreichen in den meisten Fällen die Größe jener eines Alttieres. Durch die individuell mitunter starken Abweichungen kann aber die Form und Stärke des Trittsiegels zur Geschlechtsansprache eventuell nicht ausreichen.

Betrachtet man aber ein komplettes Fährtenbild über einige Meter – was nur allzuoft leider kaum möglich ist – wird beim so genannten *Schrank* ein weiterer Unterschied deutlich. Unter dem Schrank versteht man die Abstände zwischen den Abdrücken der rechten und der linken Läufe. Da die Außenschalen stets etwas länger sind als die inneren Schalen, lassen sich die Abdrücke der rechten und linken Läufe gut voneinander unterscheiden. Legt man zwischen die Abdrücke eine gedachte Mittellinie, grenzen die Innenseiten der Tritte beim Schmaltier und beim Alttier fast an diese Linie an. Der *Schrank* ist also sehr gering. Beim Hirsch ist altersabhängig stets ein mehr oder minder deutlicher Abstand erkennbar, der sich normalerweise mit zunehmendem Alter und Stärke weiter vergrößert. Selbst beim Hirschkalb kann der *Schrank* schon größer sein als bei einem hoch beschlagenen Alttier. Hinzu kommt, dass die Trittsiegel der Hirsche meist leicht nach außen gedreht erscheinen, von der gedachten Mittellinie also wegweisen,

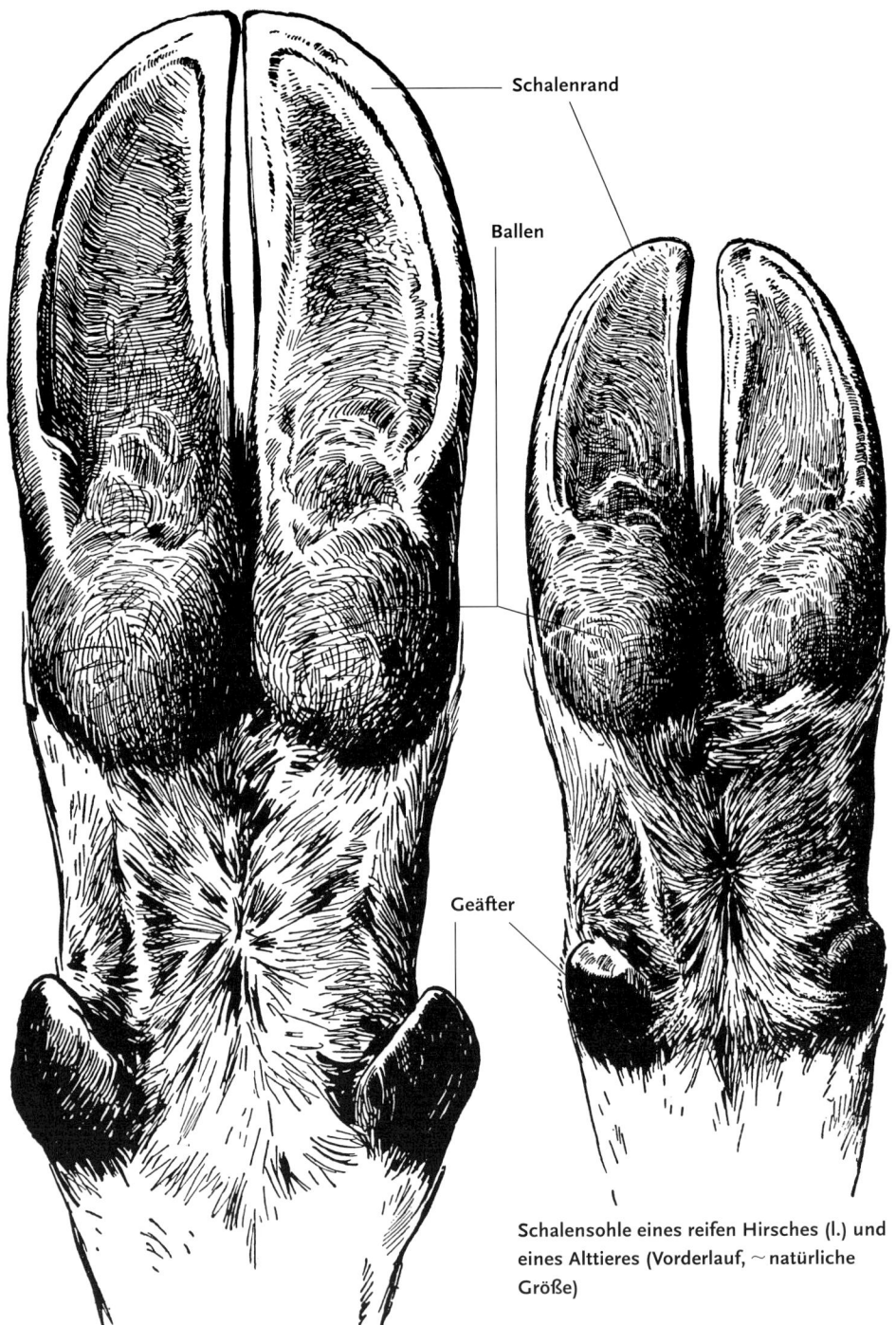

Schalensohle eines reifen Hirsches (l.) und eines Alttieres (Vorderlauf, ~ natürliche Größe)

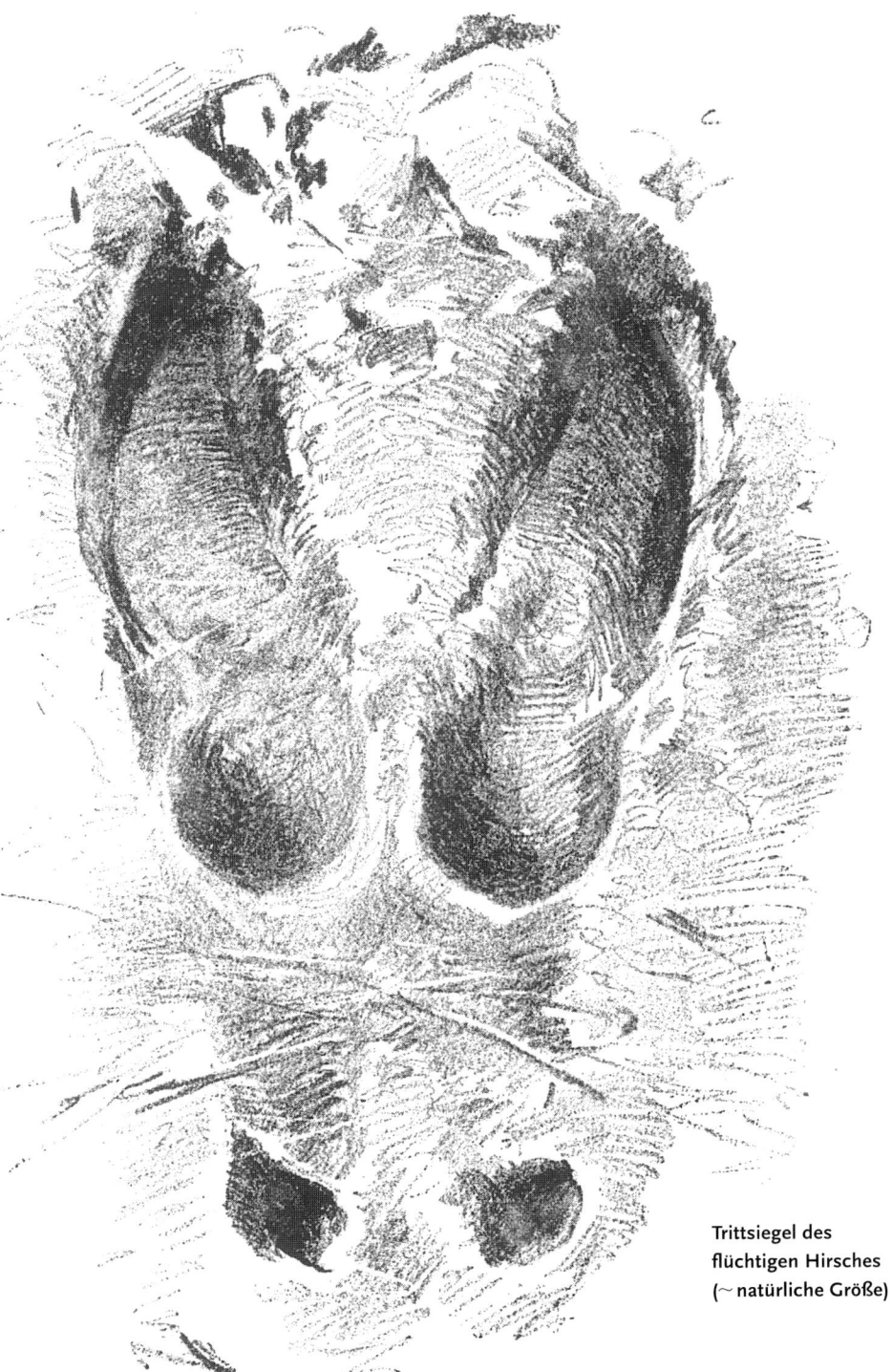

Trittsiegel des flüchtigen Hirsches (~ natürliche Größe)

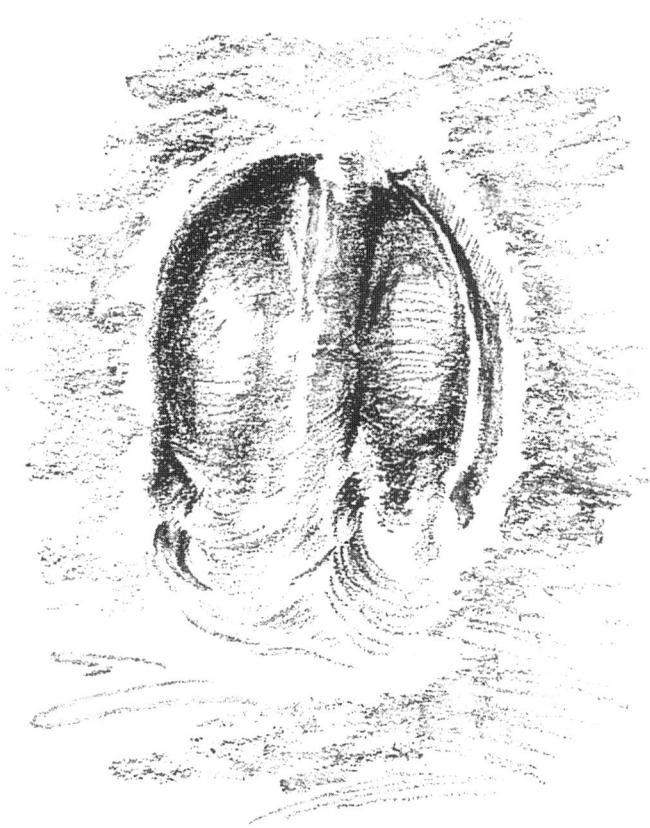

Trittsiegel eines Kalbs im Herbst (~ natürliche Größe)

während die Schalenabdrücke des weiblichen Rotwilds eher parallel dazu stehen.

Weiterhin von Bedeutung für die Geschlechtsansprache anhand der Fährtenbilder ist die *Schrittlänge* beziehungsweise *Schrittweite* (s. Abb. S. 11). Sie wird in ziehender Fortbewegung zwischen der Spitze des linken und der Spitze des rechten Fährtenabdruckes und umgekehrt ermittelt. Es ist nur logisch, dass große Tiere auch größere Schritte machen als kleinere Individuen einer Art. Auch ein zwei Meter großer Basketballer hat eine deutlich größere Schrittweite als ein 50 Zentimeter kleinerer Pferdejockey. Auch hier ist es aber aufgrund der großen Stärkeunterschiede zwischen den Rotwildvorkommen nicht möglich, allgemein gültige Maße zu nennen. Als Faustregel kann man sich merken, dass die Schrittweite mittelalter und alter Hirsche jene der Alt-

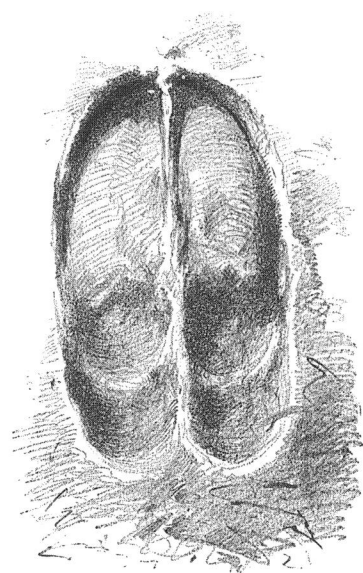
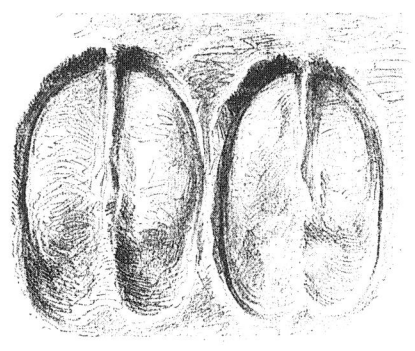

Das „Vierballenzeichen" entsteht bei schwachem „Übereilen": Der Hirsch setzt den Hinterlauf knapp vor den Tritt des Vorderlaufs.

Der „Beitritt": Der Hinterlauf tritt neben das Trittsiegel des Vorderlaufs.

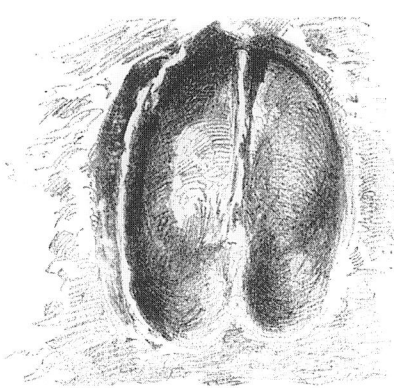
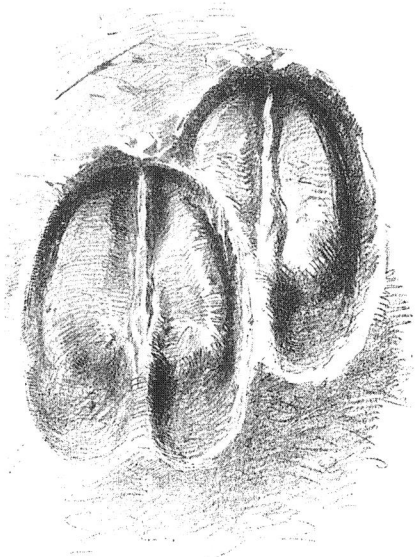

Das „Blenden": Der Hinterlauf wird fast in den Tritt des Vorderlaufs gesetzt.

Der „Kreuztritt": Der Hinterlauf tritt schräg versetzt in den Tritt des Vorderlaufs.

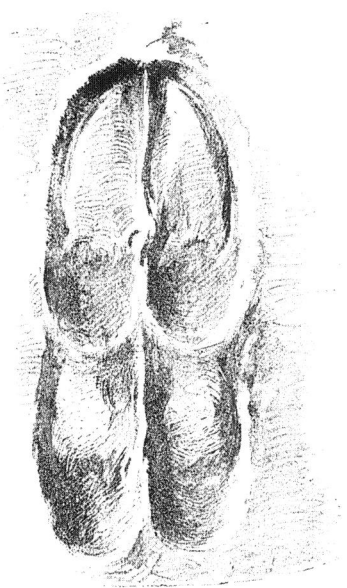

Das „Übereilen": Die Schalen des Hinterlaufs treten über die Ballen des Vorderlaufs.

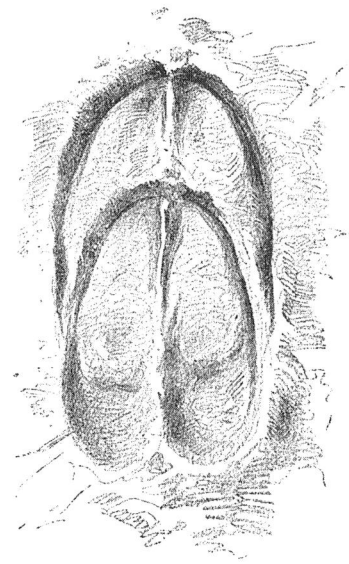

Das „Ereilen": Die Schalen des Hinterlaufs werden über die Ballenabdrücke des Vorderlauftritts gesetzt.

tiere um durchschnittlich etwa 20 Prozent übertrifft.

▸ **Zur Hirschfährte**

Trotz aller möglicher Überschneidungen und Verwechslungsmöglichkeiten mit der Fährte weiblichen Rotwilds erkennt ein geübter Jäger sehr schnell und sicher die Hirschfährte und vermag ihrem Verursacher bei entsprechender Erfahrung und Kenntnis des jeweiligen Rotwildbestands in den meisten Fällen auch zutreffend die Attribute „jung", „mittelalt" oder „alt" zuzuordnen. Verschiedene Autoren messen einigen weiteren Fährtenzeichen bestimmte Anhaltspunkte zur ungefähren Altersansprache des jeweiligen Hirsches zu (s. Abb. S. 15 bis 18). Demnach *übereilen* junge Hirsche besonders häufig, das heißt sie setzen im Ziehen den Hinterlauf leicht vor den Abdruck des Vorderlaufes. Ebenso ordnet man jüngeren Hirschen das „Vierballenzeichen" zu, bei dem sich die Ballen der Hinterläufe direkt vor jenen der Vorderläufe abdrücken. Das sogenannte „Blenden" – das Trittsiegel des Hinterlaufes fasst direkt in das des Vorderlaufes und lässt von diesem nur noch den vorderen und äußeren Rand der Schalen erkennen – wird mittelalten Hirschen zugeordnet. Das „Ereilen" (der Tritt des Hinterlaufes überdeckt mit den Schalen die Ballen des Vorderlaufes) und das „Hinterlassen" (das Trittsiegel des Hinterlaufes steht hinter dem des Vorderlaufes) gilt als typisch für alte Hirsche. Weitere Fährtenzeichen sind der „Kreuztritt" und der „Beitritt".

Fährten des ziehenden (a, b) und des flüchtigen (c) Hirsches mit „Beitritt" (a) und „Hinterlassen" (b).

Vor dem Hintergrund fehlender umfassender Erhebungen mit einem ausreichend großen Stichprobenumfang sollen die geschilderten Erfahrungen an dieser Stelle weder pauschal angezweifelt noch kommentiert werden.

Ist ein bestimmter Hirsch bestätigt, empfiehlt es sich, das einzelne Trittsiegel zur Wiedererkennung genau auszumessen.

Die Randbereiche der Suhlen lassen erkennen, wer im „Schlammbad" war.

▶ **Zeichen außerhalb der Fährte**

Wie alle Geweihträger signalisiert auch der Rothirsch durch das *Fegen* des Geweihes, durch die *Fegestellen*, seine Anwesenheit. Da der Rothirsch aber, anders als der Rehbock, nicht durch späteres Fegen ein Revier oder Territorium markiert, bleibt das Fegen auf einen relativ engen Zeitraum begrenzt. Sind die Geweihstangen vom Bast befreit, *schlägt* der Hirsch. Er reibt und schlägt mit den Stangen in der Feist-, besonders aber zur Brunftzeit an beziehungsweise in die Vegetation oder den Boden. Dieses *Schlagen* kann zu irreversiblen Schäden in Forstkulturen und an einzelnen jungen Bäumen führen.

Tiere und Hirsche *plätzen*, um sich ihre Ruhebetten von störender Vegetation freizuscharren, wenn auch nicht so ausgiebig und deutlich wie zum Beispiel das Rehwild. Rotwild fällt nur selten und kurzzeitig in wirklichen „Tiefschlaf". Brunfthirsche *plätzen* sich weiterhin Stellen frei, um sich auf der frischen Erde zu kühlen.

Weibliches und männliches Rotwild *suhlt* ausgiebig. Einzelne Geweihabdrücke im Schlammrand der *Suhle* können deren Nutzung durch Hirsche bestätigen. Die Suhlen gehören für das Rot- und Schwarzwild zu den unverzichtbaren Lebensraumelementen.

Rotwild in Not

Von der einst fast flächendeckenden Verbreitung des Rotwilds in Deutschland und Mitteleuropa ist bis heute nur noch ein flickenteppichartiges Muster aus mehr oder minder großen und teilweise völlig isolierten Rotwildvorkommen übrig geblieben. Längst wird behördlicherseits zwischen Rotwild-Einstandsgebieten und rotwildfreien Gebieten unterschieden. Fortschreitender Lebensraumschwund, unüberwindbare Verkehrsadern sowie wirtschaftliche Interessen und ökologische Notwendigkeiten haben zu dieser Entwicklung geführt. Darüber hinaus sind nicht wenige Rotwildvorkommen im Sinne einer artgemäßen Sozial- und Altersstruktur mangels Masse kaum noch planmäßig zu bewirtschaften.
Jeder Jäger sei an dieser Stelle deshalb aufgerufen, sich im Rahmen seiner Möglichkeiten für den Erhalt des Rotwilds und seiner verbliebenen Lebensräume sowie für deren Wiedervernetzung auch ohne vordergründige jagdliche Interessen einzusetzen.

Darüber hinaus geben selbstverständlich die *Losung* sowie die verschiedenen Lautäußerungen des Rotwilds (*Röhren, Trenzen, Knören, Mahnen* und *Schrecken*) unzweifelhafte Hinweise auf seine Anwesenheit.

Das Damwild

Wie das Rotwild gehört das mehr tagaktive Damwild (*Dama dama* L.) in der zoologischen Systematik zu den *Echten Hirschen*. Beide Arten sind aber allein wegen der deutlich geringeren Größe des Damwilds, seines schaufelartigen Geweihes und des langen Wedels nicht zu verwechseln.

In prähistorischer Zeit bewohnte das Damwild große Teile der Nordhalbkugel, wurde durch die letzte Eiszeit aber auch aus dem mitteleuropäischen Raum verdrängt. Seine glazialen Rückzugsgebiete lagen insbesondere in Kleinasien, etwa im Bereich der heutigen Türkei. Erst die Römer brachten es wieder nach Mitteleuropa. Die erste Wiedereinbürgerung im deutschen Raum erfolgte im 16. Jahrhundert. Sämtliche heute in Deutschland lebenden Damwildvorkommen sind folglich nicht auf eine natürliche, nacheiszeitliche Wiederausbreitung, sondern auf Gatterhaltungen und Wiedereinbürgerungen durch den Menschen zurückzuführen.

Die kopfstärksten Damwildvorkommen Deutschlands stehen heute in Mecklenburg-Vorpommern, Brandenburg, Niedersachsen, Schleswig-Holstein und Sachsen-Anhalt. Außer in Bremen kam in den zurückliegenden Jahren in jedem deutschen Bundesland Damwild zur Strecke.

▸ **Allgemeines**

Die Fährte ausgewachsenen Damwilds ist aufgrund ihrer Länge und Breite fast nur mit jener des Rotwilds zu verwechseln. Dies aber auch nur in einer Gewichts- beziehungsweise Körperstärkenklasse, also etwa die des Damhirsches mit jener des Rottiers sowie die des Damtieres mit der des Rotwildkalbs im Herbst. Als gutes Unterscheidungsmerkmal gilt der abgedrückte Ballen, der als Faustregel beim Rotwild etwa zwischen 25 und 30 Prozent der Gesamtlänge eines Trittsiegels ausmacht, beim Damwild hingegen etwa 50 bis 60 Prozent. Leicht zu verwechseln ist der Tritt eines Damwildkalbs im Sommer mit

Schalensohle eines Damschauflers (~ natürliche Größe)

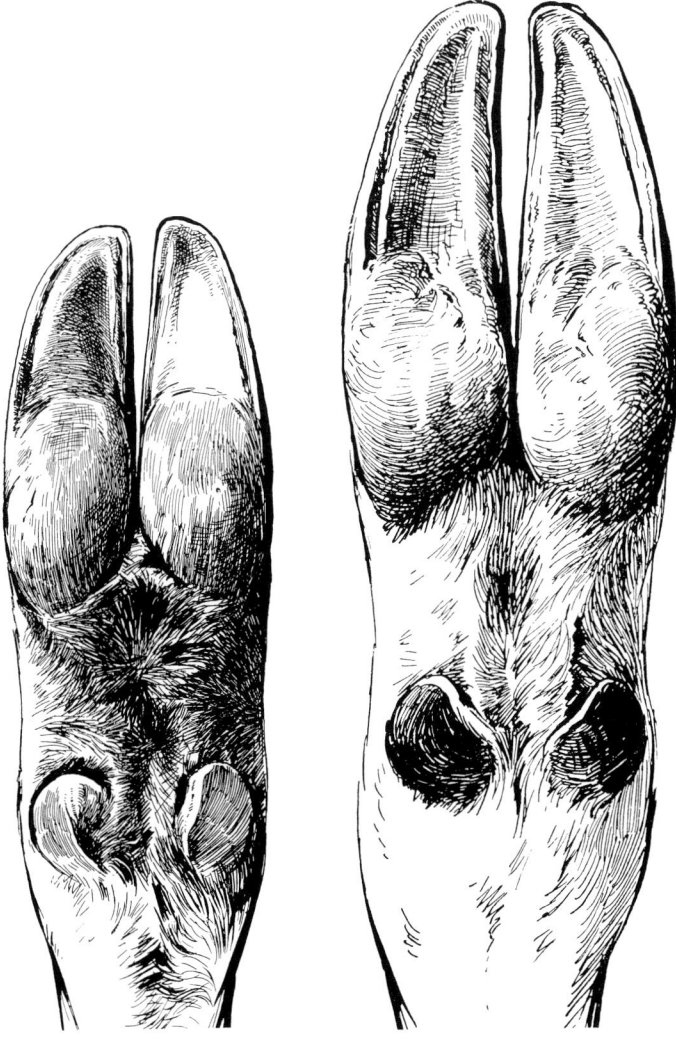

Schalensohle eines Damschmaltiers (l.) und eines Damtiers (~ natürliche Größe)

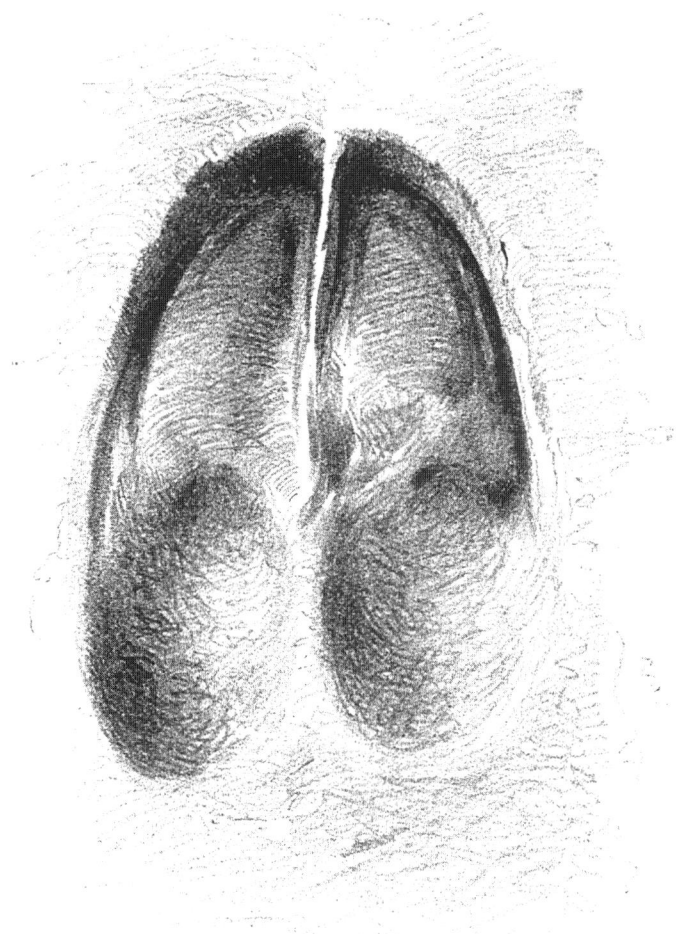

Trittsiegel eines starken Damschauflers (~ natürliche Größe)

dem eines erwachsenen Rehs, da in der Form und Stärke deutliche Ähnlichkeiten bestehen. Doch ist auch beim Rehwild der Ballenanteil an der Trittsiegellänge geringer, und im Normalfall wird das Damwildkalb zunächst mit seinem Muttertier und später darüber hinaus im Rudel unterwegs sein. So tendiert die Verwechslungsmöglichkeit mit der Rehfährte gegen Null. Die Kälber des Damwilds folgen sehr viel früher ihrer Mutter, als es die des Rot- und Rehwilds tun, und können bereits innerhalb der ersten 24 Stunden bei Annäherung vor dem Menschen flüchten.

Die Abdrücke des *Geäfters* oder der *Oberrücken* sind nur in der Fluchtfährte, in ausreichend hohem Schnee oder tiefem Schlamm und dann (wie beim Rotwild) direkt hinter den Klauen zu finden. Als einzige heimische Schalenwildart vollführt Damwild – besonders bei Verunsicherung – sogenannte *Prellsprünge*. Die Tiere springen mit allen vier Läufen gleichzeitig ab, setzen sie ebenso gleichzeitig wieder auf, springen wieder ab und so weiter. Ein Verhalten, wie es auch von afrikanischen Gazellenarten bekannt ist.

▶ **Hirsch oder Tier?**

Die Geschlechter des Damwilds sind anhand der Fährte, von der Größe bei adulten Stücken abgesehen, weit schwieriger zu unterscheiden als beim Rotwild. Die Fährte mittelalter und alter Damhirsche ist deutlich größer als jene des Kahlwilds. Als grobe Richtwerte sollte man sich merken, dass das Trittsiegel des Damtieres durchschnittlich etwa fünf Zentimeter, das des Schauflers etwa acht Zentimeter lang und ungefähr so breit wie das des Tieres lang ist.

Weiterhin ist bei längeren und kompletten Fährtenbildern deutlich der *Schrank* der Damhirsche zu sehen. Das einzelne Trittsiegel des Hirsches zeigt – wie beim Rothirsch – mit den Schalenspitzen etwas abgewinkelt nach außen, während die des Kahlwilds fast ungeschränkt und annähernd parallel zueinander abgedrückt werden. Und ebenso wie beim Rotwild wird auch beim Damkahlwild der Ballen in der Fährte deutlich weniger als beim Hirsch, eventuell auch gar nicht abgedrückt.

Der Auffassung von Karl Brandt und Hans Behnke, dass die Trittsiegel des weiblichen Damwilds insgesamt spitzer wirken, die der Schaufler aber (ähnlich wie beim Rothirsch) Stümpfe haben und geschlossener wirken, kann ich mich vor dem Hintergrund eigener Erfahrungen, unter anderem aus dem ehemaligen WILD UND HUND-Versuchs- und Lehrrevier Lanze im niedersächsischen Wendland sowie einigen anderen Damwildrevieren, nicht anschließen.

▶ **Zeichen außerhalb der Fährte**

Auch der Damhirsch signalisiert zunächst durch das *Fegen* des Geweihes, durch die *Fegestellen*, seine Anwesenheit, was zeitlich über die Phase des Verfegens des Bastes hinausgeht. *Schlagstellen* finden wir besonders ab Mitte bis Ende September, also im Vorfeld der Damwild-Brunft. Nach dem Schadbild ist eine exakte Abgrenzung von Fege- und Schlagstellen sehr schwierig. Die Schaufler *plätzen* besonders intensiv auf den Brunftplätzen, um ihren „eigenen" Bereich abzugrenzen. Sehr ausgeprägt geschieht dies bei der „Einrichtung" der *Brunftkuhlen*. Damwild suhlt nicht. Wie bei allen Wildarten lässt seine *Losung* Rückschlüsse auf den Zeitpunkt seiner Anwesenheit zu.

Als Lautäußerungen lässt Damwild das *Blöken* (Alttier zum Kalb), das *Fiepen* (Kalb zum Tier), das *Miauen* (Kahlwild zur Brunft), das *Klagen* (alle Altersklassen bei Schmerz, besonders in Panik ange-

Unstete Rumtreiber?

Dem Damwild eilt der Ruf des „Unsteten" voraus. Was bedeutet das? Kurz und knapp: Das Verhalten des Damwilds ist kaum in halbwegs feste, geschweige denn allgemein zutreffende Regeln zu fassen. Wer schon einmal auf einen ganz bestimmten Schaufler außerhalb der Brunft gejagt hat, weiß, was damit gemeint ist. Sieht man zum Beispiel morgens das Rudel, mit dem der Auserwählte zieht, kommt aber aus irgendwelchen Gründen nicht zu Schuss und versucht am folgenden Abend oder am nächsten Morgen an derselben Stelle erneut sein Glück, wird man nur allzuoft enttäuscht und ohne Anblick den Heimweg antreten. Obwohl es sich insgesamt gesehen schon dauerhaft in bestimmten Einstandsgebieten, Revieren und/oder Revierkomplexen aufhält, ist das Damwild in diesen Räumen kaum auszurechnen – heute hier, morgen dort, schon an einem anderen Ort! Es zieht tagsüber und nachts und scheint fast einen – vermenschlicht ausgedrückt – gesteigerten „Bewegungsdrang" zu haben. Dabei hält es häufig keine festen Wechsel ein, und die Gründe für die plötzlichen Ortswechsel, bei vielen anderen Wildarten oft durchaus nachvollziehbar, bleiben uns meistens verborgen. Relativ häufiger als andere Schalenwildarten ist Damwild deshalb in Wildunfälle verwickelt. Hierzu trägt allerdings auch sein arteigenes Fluchtverhalten bei. Es ist für den fährtenkundigen Jäger also ungleich schwieriger und unwahrscheinlicher, zum Beispiel einen bestimmten Damhirsch auf bestimmten Wechseln und – wie beim Rothirsch – in offenbar bevorzugten Revierteilen stets erneut zu fährten und so zu bestätigen.

sichts des Menschen), und das *Schrecken* (bei Störung) hören. Der *Brunftschrei* ist mit dem des Rothirsches in Lautstärke und Variabilität nicht zu vergleichen und ähnelt einem einförmigen „Rülpsen".

Das Rehwild

Rehe – mit dem Fuchs, dem Steinmarder und dem Feldhasen (regional unterschiedlich in mehr oder minder hoher Zahl) bilden sie das „Quartett" der größeren heimischen Haarwildarten, die in fast jedem deutschen Revier regelmäßig vorkommen.

Rehwild (*Capreolus capreolus* L.) ist „omnipräsent". Es lebt im Feld, im Wald, im Moor, in ausgedehnten Schilf- und Röhrichtflächen, in Parks, Gärten und Sportanlagen, auf Friedhöfen – also fast überall. Bis auf die Innenstädte unserer Metropolen haben sich die kleinen Hirsche fast sämtliche Lebensräume auch in unmittelbarer Nähe zum Menschen erschlossen und wissen sie zu nutzen. Ihrer Anpassungsfähigkeit scheinen kaum Grenzen gesetzt zu sein.

Die Folgen sind spürbar. Seit dem Jagdjahr 1992 kommen in Deutschland weit über eine Million Rehe zur Strecke. Dass sich darunter viele durch den Verkehr getötete, ausgemähte und sonstwie ums Leben gekommene, nicht erlegte Rehe befinden, ist in dicht besiedelten Industriestaaten mit intensiver Landnutzung leider unvermeidbar. Dennoch ist das Rehwild in Deutschland seit langem die bedeutendste Wildart, die sogenannte „Brotwildart" der deutschen Jagd. Rehe „hat jeder", und selbst Jäger mit wenig Jagdgelegenheit werden irgendwann und irgendwo auf Rehwild waidwerken können.

Seit weit über hundert Jahren nun versuchen Wildbiologen, Forstleute und Jäger, Regeln und Gesetzmäßigkeiten in die Biologie und das Verhalten des Rehwilds hineinzuinterpretieren. Über bestimmte, jahreszeitlich gebundene Lebensäußerungen wie dem Haarwechsel, der Fortpflanzung, dem Geweihzyklus und anderes mehr ist es aber kaum gelungen, Rehe in unser so lieb gewordenes Schubladendenken einzuordnen. Scheinbar unantastbare Theorien brachen zusammen wie Kartenhäuser, und die Insignien der Rehpäbste von einst wirken schon lange nicht mehr. Lassen Sie uns deshalb seriöse, wissenschaftliche Erhebungen notieren und umsetzen. Ansonsten sollten wir Rehe lebensraumabhängig in unterschiedlicher Intensität, vor allem aber tierschutzkonform, artgemäß und in dankbarer Freude bejagen.

▶ **Allgemeines**

Ausgerechnet unsere häufigste und am weitesten verbreitete Schalenwildart gibt uns anhand ihrer Trittsiegel die wenigsten Hinweise auf das

Geschlecht und das ungefähre Alter des gefährteten Stücks. Zu groß ist die Variabilität der Rehe bezüglich ihrer Körpergröße und Gewichte in den unterschiedlichen Altersklassen sowie zwischen den Geschlechtern. So kam ich in einem eigenen Projekt bei der Untersuchung von 400 erlegten Rehen in der Försterei Radbruch (Niedersächsisches Forstamt Rosengarten) erneut zu ganz erstaunlichen Ergebnissen. Im Rahmen einer Ansitzjagd kamen in einem Abteilungskomplex ein 15 Kilogramm schweres Schmalreh, eine 11,5 Kilogramm schwere vierjährige Ricke und eine sechsjährige Ricke mit 12 Kilogramm

Maße Trittsiegel und Fährte	
Trittsiegel Adulte (L x B)	4–6 x 2,2–3,2 cm
Schrittlänge Adulte	30–45 cm

zur Strecke. Und allein bei den Jährlingsböcken ergaben sich Gewichtsunterschiede zwischen 6,5 und 16 Kilogramm (alle Gewichte aufgebrochen mit Haupt).

Wohl ist die Fährte eines adulten Rehbocks durchschnittlich(!) etwas stärker als die der Ricke und sicherlich *schränkt* der Bock stärker als weibliches Rehwild. Ebenso drückt sich das *Geäfter* des Bocks aufgrund seines durchschnittlich höheren Gewichtes in schnellerer Gangart, zum Beispiel beim Treiben in der Blattzeit, eher ab als das des weiblichen Rehs. Doch ist es allein schon der hohen Zahl der Rehe und der daraus entstehenden Fährtenmenge wegen müßig, aus den Tritten der Rehe irgendetwas herauszubuchstabieren zu wollen. Im übrigen ist mir kein Jäger bekannt, der das Geschlecht eines Rehs nur anhand der Fährte zweifelsfrei ansprechen könnte.

Zur erfolgreichen Bejagung der Rehe ist dies aber auch gar nicht notwendig. In größeren zusammenhängenden Wäldern oder Forsten gilt im Rahmen der Abschussplanerfüllung längst das Motto „Zahl vor Wahl", und in Misch- und reinen Feldrevieren mit einigen Feldgehölzen oder Remisen sind bei etwas Mühe und Beobachtungsgabe die „gekrönten Häupter" des Jagdbezirkes alljährlich vergleichsweise schnell bekannt. Die älteren Böcke sind darüber hinaus etwa

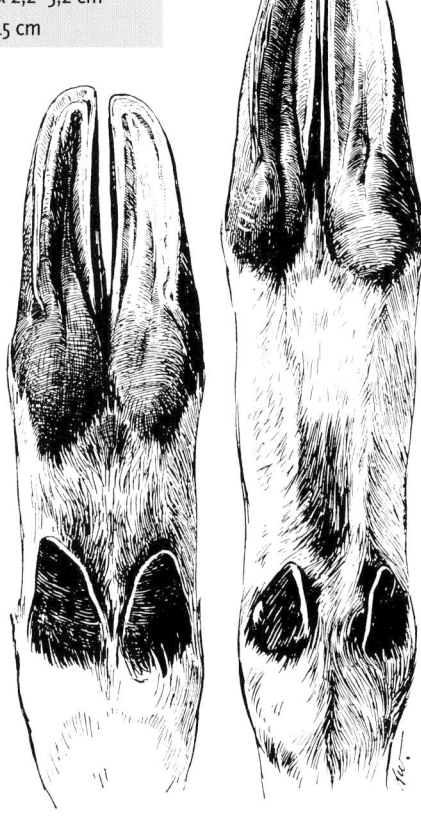

Schalensohlen eines Vorderlaufs (l.) und eines Hinterlaufs des Rehs (~ natürliche Größe)

fünf Monate territorial und geben uns in dieser Zeit weit eindeutigere Zeichen ihrer Anwesenheit als die Fährte (s. u.). Weiterhin ist Rehwild im allgemeinen weitestgehend standorttreu und beide Geschlechter halten sich im Normalfall nachhaltig an bekannte Wechsel.

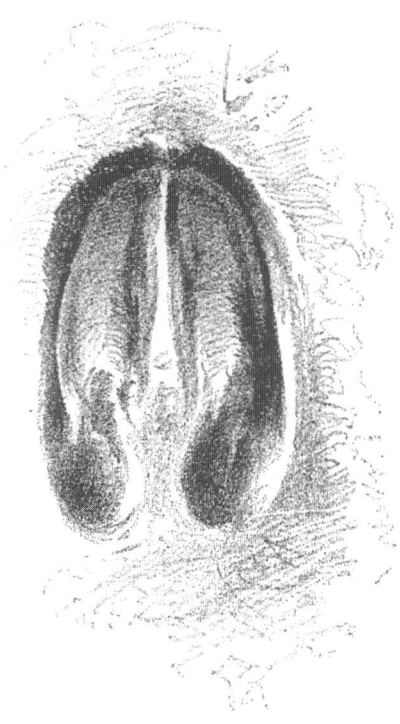
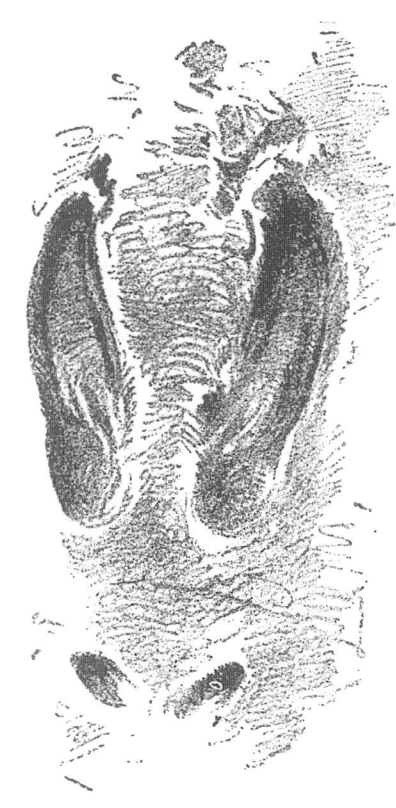

Trittsiegel des vertraut ziehenden (l.) und des flüchtigen Rehs (~ natürliche Größe)

▶ **Die Fährte**

Wie das Rot- und Damwild setzt das Reh im Ziehen die Schalen des Hinterlaufes ganz oder teilweise in das Trittsiegel des Vorderlaufes derselben Körperseite. Der Troll, die häufigste Fluchtform des Rotwilds, ist bei Rehen nur sehr selten zu beobachten. Bei der schnellsten Gangart, dem Galopp, werden die Hinterläufe etwas hintereinander und seitlich versetzt vor die der Vorderläufe gesetzt. In der Fluchtfährte sind die Schalen des einzelnen Trittsiegels deutlich gespreizt und das Geäfter, das an den Vorderläufen deutlich tiefer sitzt als an den Hinterläufen, drückt sich im Boden ab.

Im Trittsiegel des Rehs macht der abgedrückte Ballen bei geeignetem Boden rund ein Drittel der Gesamtlänge aus.

Zu Verwechslungen der Rehfährte kann es aufgrund ihrer geringen Größe nur beim Frischling oder Damkalb kommen. Ersterer zeigt uns in seinem Trittsiegel aber das Geäfter, Letzteres zieht im Normalfall mit sei-

Schlagstelle des Rehbocks

Plätzstellen des Rehbocks findet man etwa von März bis zum Ende des Sommers

nem Muttertier und später im Rudel, was Verwechslungen so gut wie ausschließt.

▶ **Zeichen außerhalb der Fährte**

Neben seinen Fährten, Fraßspuren (Verbiss), der Losung und den Betten, die Rehwild im allgemeinen hinterlässt, gibt uns vor allem der Rehbock durch die Territoriumsmarkierung und/oder sein Aggressionsverhalten weitere unzweifelhafte Zeichen seiner Präsenz. Zunächst in Form der Fege- bzw. Schlagstellen.

Das Befreien des fertig ausgebildeten Gehörns vom Bast, das sogenannte *Verfegen*, dauert normalerweise nur wenige Stunden und führt nur selten zu sichtbaren Verletzungen des jungen Baumes oder Strauches, an dem gefegt wurde. Die Mehrzahl der Rehböcke fegt im Monat April, eventuell schon im März, speziell bei den Jährlingen aber kann sich der Fegetermin in den Mai und Juni verlagern.

Das, was man gemeinhin als Fegestellen bezeichnet, sind eigentlich Schlagstellen – charakterisiert durch deutlich sichtbare Verwundungen der Rinde bis hin zum weißen oder helleren, verholzten Teil der Pflanze. Der Rehbock schlägt den ganzen Sommer hindurch, besonders intensiv zur Brunftzeit und mit sicherem Finderwillen sucht er sich häufig genug die seltensten Holzarten seines Einstandes dazu aus. Zahllose gut gemeinte, aber nicht gezäunte Anpflanzungen zur Lebensraumverbesserung wurden so im wahrsten Sinne des Wortes zerschlagen.

Häufig wird vor diesen Schlagstellen zusätzlich geplätzt. Der Rehbock plätzt selbstverständlich auch völlig unabhängig vom Fegen oder Schlagen. Geplätzt wird etwa ab März bis zum Ende des Sommers. Beim Plätzen wird mit den Vorderläufen der Bodenbewuchs sowie Laub- oder Nadelstreu unter dem Wildkörper hindurch nach hinten gescharrt. Ähnlich werden die Betten der Rehe angelegt.

Vergleichbare Bilder können aber auch im Winter entstehen, wenn sich Rehe beiderlei Geschlechts mit den Schalen der Vorderläufe Äsung unter dem Schnee freischlagen.

In der Blattzeit bringt ein weit hörbares Plätzen im Laub durch den Jäger, zum Beispiel mit dem Pirschstock, die suchenden Rehböcke oft ebenso gut wie das Blatten selbst zum Zustehen.

Rehe sind keine Ratten

Was in den meisten Waldrevieren Mitteleuropas seit langem der Fall ist, hat mittlerweile auch in fast allen Feldrevieren Gültigkeit: Angesichts der aktuellen Misere der klassischen Niederwildarten wie Feldhase, Fasan oder Rebhuhn steht das Rehwild im Mittelpunkt der Jagd und Hege. Der von einigen Überhegern angesichts der vielerorts geänderten Bejagungsrichtlinien längst befürchtete dramatische Rückgang des Rehwildes traf erwartungsgemäß nicht ein und wird auch nicht eintreffen. Rehe sind in Deutschland noch immer fast allgegenwärtig. Auch wenn ihre Lebensräume in der offenen Landschaft durch die fortschreitende Industrialisierung der Landwirtschaft viel an Qualität verloren haben.

Rehe verfügen bekanntlich über eine schier unglaubliche Anpassungsfähigkeit. Doch trotz dieser artspezifischen (Über-)Lebenskunst sind auch Rehe nicht unbegrenzt belastbar. Sie zeigen weder schadnagerähnlich zyklische Massenvermehrungen, noch sind sie in der Lage, restlos überzogene Reduktionsfeldzüge unter höchstem Jagddruck problemlos zu kompensieren. Kurzum: Rehe sind keine Ratten! Auch Rehwild muss in artgemäßen Sozial- und Altersstrukturen leben können. Auch Rehe brauchen Äsung, die sie ihrer arteigenen Verdauungsphysiologie entsprechend gesund und widerstandsfähig erhält. Und auch sie sind auf Deckungsstrukturen angewiesen, die ihrem Sicherheitsbedürfnis Rechnung tragen. Ihre Bejagung und Hege erfordern deshalb Augenmaß und eingehende Kenntnisse ihrer Biologie und Lebensbedürfnisse. Die aktuell große Zahl der Rehe darf darüber nicht hinwegtäuschen.

Schalenwild – Hornträger und Schwarzwild

30 ▶ Das Muffelwild
34 ▶ Das Gamswild
38 ▶ Das Schwarzwild

Das Muffelwild

Die letzten europäischen Populationen „mufflonartiger" Wildschafe erloschen in der Jungsteinzeit. Wie beim Damwild sind die heute in Europa existenten Vorkommen des Muffelwilds (*Ovis gemilini musimon* PALLAS) also ausnahmslos auf Ausbürgerungen durch den Menschen, vereinzelt eventuell auch auf entwichene Gattertiere, zurückzuführen.

Die Refugien der Mufflons waren die Mittelmeerinseln Korsika, Sardinien und Zypern. Doch auch auf die thyrrenischen Inseln aber gelangten die Mufflons vermutlich vor etwa 8000 Jahren durch den Menschen. Da Beutegreifer fehlten, konnten sich dort stabile Wildbestände entwickeln. Wie beim ursprünglich im kleinasiatischen Raum beheimateten Damwild waren es die Römer, die das Muffelwild von den thyrrenischen Inseln erstmals auf das europäische Festland brachten.

Die ersten Ausbürgerungen in Deutschland erfolgten im Jahre 1902 in Schlesien (heute Polen) sowie 1903/04 in der Göhrde (Niedersachsen). Besonders in den ostdeutschen Bundesländern wurden zu Zeiten der ehemaligen DDR aus jagdwirtschaftlichen Gründen viele neue Populationen bis in die 80er Jahre des vorigen Jahrhunderts hinein begründet. Heute kommt Muffelwild in sämtlichen Bundesländern bis auf Hamburg und Bremen vor. Die höchsten Jahresstrecken werden in Brandenburg, Thüringen, Sachsen, Rheinland-Pfalz und Sachsen-Anhalt erzielt.

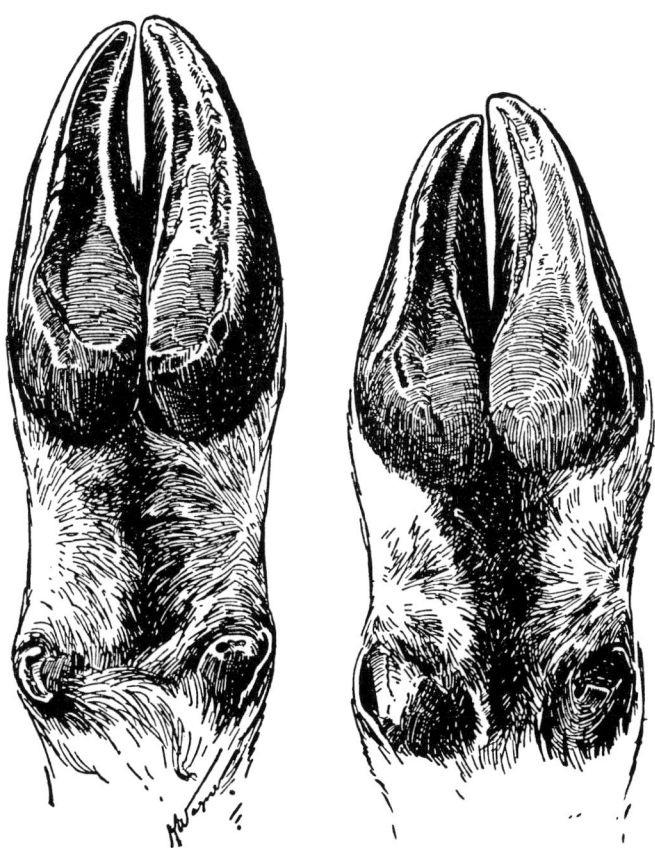

Schalensohlen Hinterlauf (l.) und Vorderlauf eines geringen Mufflons (~ natürliche Größe)

▶ **Allgemeines**

Muffelwild ist mehr als alle anderen heimischen Schalenwildarten tagaktiv, was die kleinen Wildschafe auch für nicht jagende Naturfreunde und -beobachter besonders attraktiv macht. Dennoch fallen auch ihre Aktivitätsmaxima in die Dämmerungsstunden. Ein ernst zu nehmender Wermutstropfen in der sonst erfolgreichen Geschichte der Wiederbesiedlung Europas durch diese Wildschafe ist das Auftreten von Schalenkrankheiten, besonders der Moderhinke, in etlichen Vorkommen. Die noch immer gängige Meinung, dass Schalenerkrankungen vor allem auf die Beschaffenheit des Bodens im Lebensraum zurückzuführen seien, ist unzutreffend. Dort, wo das Muffelwild immer wieder in hohem Maße von Schalenerkrankungen heimgesucht wird, sollten die Bestände aus Tierschutzgründen eliminiert werden.

Trittsiegel eines jungen Muffelschafs

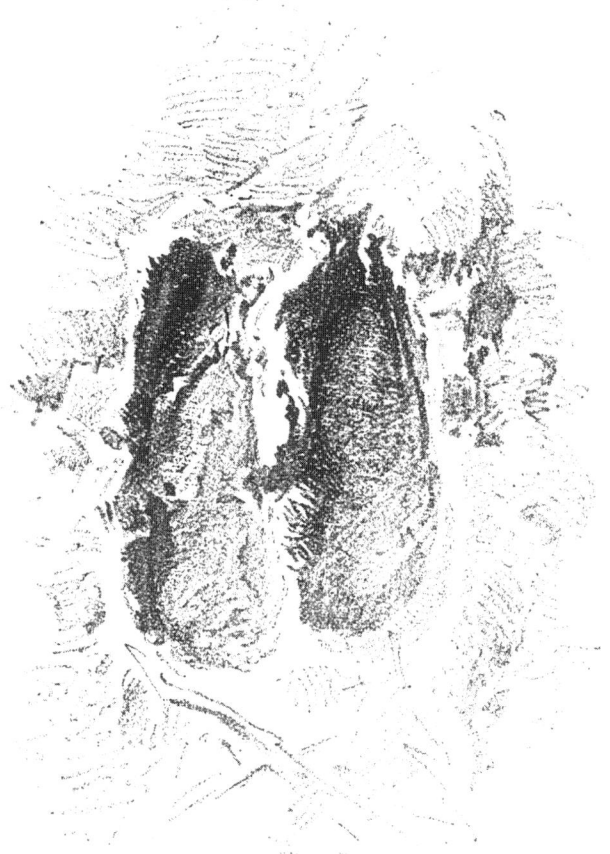

Ansonsten aber verdient es das Muffelwild – auch aus nicht jagdlichen Gründen – aufgrund seiner relativ genügsamen Lebensweise sowie des vergleichsweise geringen Schadens an der Waldvegetation als Bereicherung der heimischen Wildfauna, wo immer möglich, erhalten zu werden.

Maße Trittsiegel und Fährte

Trittsiegel (L x B)	
Widder adult	5,5–6,5 x 4,5 cm
Schaf adult	4,5–5,5 x 3,75–4 cm
Schrittlänge bei ruhigem Ziehen	
Widder adult	40–60 cm
Schaf adult	35–40 cm

▶ **Die Fährte**

Die Trittsiegel des Muffelwilds sind von jenen der anderen Schalenwildarten relativ leicht zu unterscheiden. Sie wirken schmal und lang und ähneln stark dem Tritt eines Hausschafes. Auch in der Fluchtfährte – Muffelwild ist außerordentlich sprunggewaltig – werden die After-

DAS MUFFELWILD 33

klauen normalerweise nicht abgedrückt.

An der Form der Trittsiegel allein sind Schafe und Widder nicht zu unterscheiden. Von der Rehwildfährte unterscheiden sich die Abdrücke der Mufflons nicht zuletzt durch die auch im ruhigen Ziehen gespreizten Schalenspitzen.

▶ **Zeichen außerhalb der Fährte**

Die Fraßbilder (*Verbiss*) sind von jenen des Rehwilds nicht, von denen des Rot- und Damwilds häufig anhand der Verbisshöhe zu unterscheiden. Von der durchschnittlichen Widerristhöhe ausgehend, ist Muffelwild unsere kleinste heimische Schalenwildart. Nadelbäume werden vom Muffelwild häufig an den Seitentrieben verbissen, der Terminaltrieb bleibt dann verschont.

Schäle verursacht Muffelwild nur an Bäumen bis etwa zehn Zentimeter Durchmesser, bevorzugt an Zitterpappel, Eberesche, Fichte und Sträuchern. Selten werden auch Wurzelanläufe der Fichte geschält. Da die enge Maulspalte des Muffelwilds dessen Abscherkräfte stark begrenzt, tritt nur *Sommerschäle* auf. Insgesamt sind die Schälschäden durch Muffelwild sehr gering. An den Schälstellen sind im Unterschied zu denen des Rotwilds keine Zahnspuren zu sehen.

Die *Rammstellen* der Widder ähneln mitunter den Schlagstellen der Rehböcke. Die Widder schlagen mit den Schnecken gegen die Rinde der Bäume. Die so gelöste Rinde wird abgezogen und aufgenommen. *Rammschäden* sind allerdings sehr selten und treten ganz überwiegend an der Buche und Kiefer auf. Das Freiplätzen der Ruhestellen (*Betten*) wird beobachtet, wenn auch deutlich seltener als beim Rehwild.

Fährten des Muffelwilds: vertraut ziehend (l.) und flüchtig

Das Gamswild

Das Gamswild (*Rupricapra rupricapra* L.) ist ohne Zweifel die Traditionswildart des deutschen Alpenbogens schlechthin. Entsprechend hoch ist sein Stellenwert in der Jagdkultur und in der Jagdpraxis Südbayerns. Außer im Freistaat Bayern kommt Gamswild in Deutschland nur in Baden-Württemberg und Sachsen vor. In Baden-Württemberg zieht Gamswild im Schwarzwald, auf der Schwäbischen Alb sowie im Donautal und als Wechselwild im Allgäu an der Grenze zu Bayern seine Fährte. Im Elbsandsteingebirge existiert eine Kleinstpopulation, die auf Auswilderungen in Nordböhmen und der Sächsischen Schweiz zu Beginn des vergangenen Jahrhunderts zurückzuführen ist. Um die Jahrtausendwende belief sich die Jagdstrecke in Deutschland auf fast 4.600 Stück Gamswild, wovon allein knapp 4.200 in Bayern erlegt wurden.

▶ **Allgemeines**

Abhängig vom Lebensraum spricht man gelegentlich von „Gratgams", die sich überwiegend in der Kampfwaldzone und oberhalb der Baumgrenze bewegen, sowie von „Waldgams", die ihren Einstand und Lebensraum unterhalb der Baumgrenze im Bergwald wählen. Diese Bezeichnungen sind oft unzutreffend, da mitunter witterungsbedingt – vor allem durch hohe Schneelagen – zwangsläufig ein Wechsel in tiefer gelegene Waldregionen und umgekehrt stattfinden muss. Wegen des Verbisses junger Forstpflanzen (regional unterschiedlich!) spielt Gamswild im Wald in der Diskussion um den Erhalt beziehungsweise die Sanierung des Schutzwaldes der subalpinen und hochmontanen Gebirgsstufen (Lawinen) eine wesentliche Rolle. Als typischer Hochgebirgsbewohner ist das Gamswild tagaktiv. Für seine Populationsdynamik spielt neben der Jagd naturgemäß auch die Wintersterblichkeit eine bedeutende Rolle. Besonders Kitze, Jährlinge und Böcke fallen oft harten und langen Wintern zum Opfer.

▶ **Die Fährte**

Das Trittsiegel des Gamswilds unterscheidet sich von dem aller anderen heimischen Schalenwildarten durch sein fast quadratisch wirkendes Gesamtbild. Die *Schalen* sind immer etwas gespreizt, ihr Abstand zueinan-

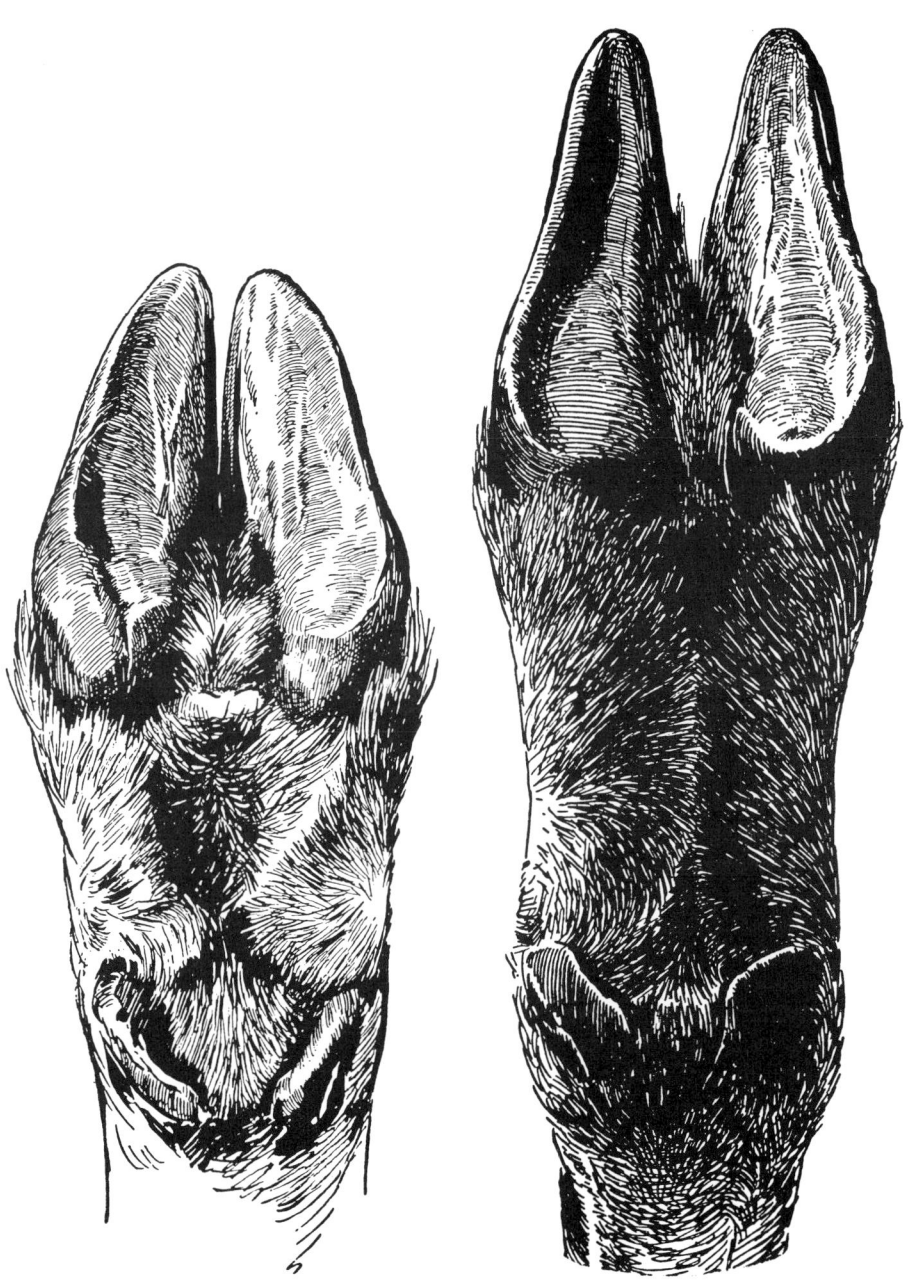

Schalensohle Vorderlauf (l.) und Hinterlauf eines Gamsbocks (~ natürliche Größe)

Trittsiegel eines Gamsbocks (~ natürliche Größe)

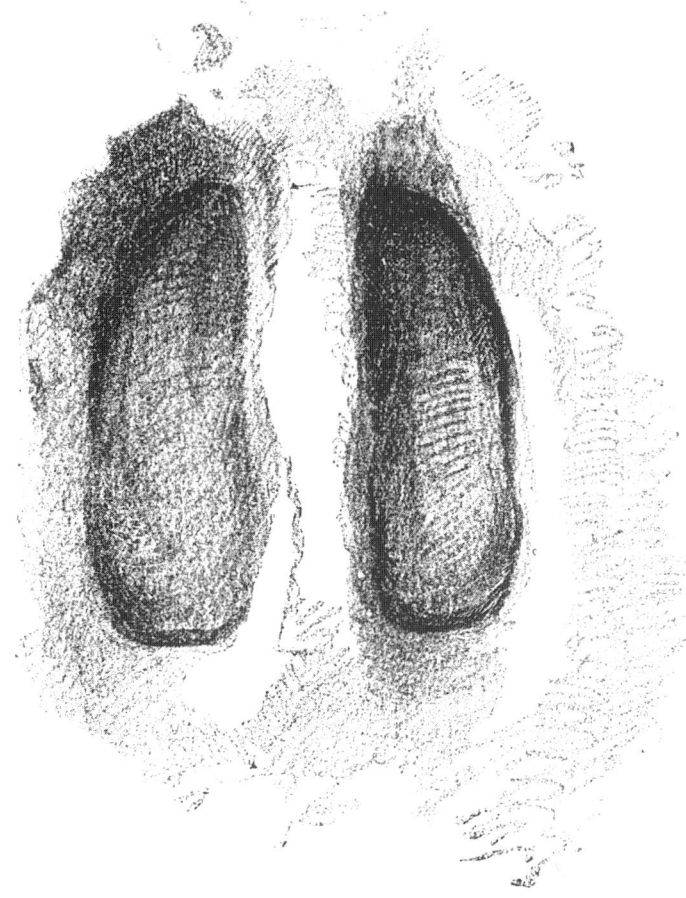

der in der Fährte stets deutlich sichtbar. Hinzu kommt, dass die Schalen fast in voller Länge annähernd gleich breit sind. Der harte äußere Rand der Schalen gewährleistet selbst auf schmalen Kanten und Bändern im Fels noch sicheren Halt. Die weiche gummiartige *Sohle* ermöglicht den Gämsen auch auf glattem Fels noch eine sichere Fortbewegung. Im Winter führen die weit spreizbaren Schalen darüber hinaus zu einer Art „Schneeschuheffekt", der ein allzu tiefes Einsinken verhindert und die Fortbewegung erleichtert. Bei höheren Schneelagen macht nachrutschender Schnee die Fährten meist unkenntlich.

Die *Afterklauen* setzen relativ hoch an den Läufen an und drücken sich im Ziehen nicht ab. In der Fluchtfährte ist das *Geäfter* deutlich, allerdings in einigem Abstand hinter den Abdrücken der Schalen sichtbar.

Fluchtfährte einer Gams

Die Länge des Trittsiegels adulter Stücke liegt zwischen etwa fünf und sechs Zentimetern, die Breite schwankt von drei bis etwa dreieinhalb Zentimeter. Gamsbock und -geiß sind anhand des Fährtenbildes allein nicht sicher zu unterscheiden. Die Gamsfährte kann eigentlich nur mit den Tritten von Hausschafen und -ziegen verwechselt werden, die sich im Bereich der Almen gelegentlich ihren Lebensraum mit den Gämsen teilen.

▶ **Zeichen außerhalb der Fährte**

Zur *Losung* gesellen sich verschiedene Lautäußerungen, von denen das charakteristische *Pfeifen* als Warnlaut für den Jäger von besonderer Bedeutung ist. Hinzu kommen Laute, die nur auf relativ kurze Distanzen wahrzunehmen sind: Das leise *Meckern*, das *Blöken* der Kitze sowie das sogenannte *Knuffen*, ein Warnlaut der offenbar durch ein ruckartiges Ausstoßen von Luft erzeugt wird.

Das *Hornen*, ein Reiben der Krucken (und/oder der Brunftfeigen) an Latschen, Erlenstauden oder Fichten und Tannen kann zu ähnlichen Bildern führen wie das Fegen bzw. Schlagen des Rehbocks. Gamswild hat darüber hinaus die Angewohnheit an bestimmten Ruheplätzen über relativ lange Zeiträume festzuhalten. Dadurch, dass nach dem Aufstehen und Strecken an Ort und Stelle Losung abgegeben wird, können große Ansammlungen von „Gamsmist" entstehen, die diese Ruheplätze zweifelsohne als „Gamsbetten" ausweisen.

Das Schwarzwild

Allein der Gedanke an Schwarzwild (*Sus scrofa* L.) ist für die meisten Jäger Deutschlands nicht nur mit jagdlichen Freuden, sondern längst auch mit Sorgenfalten, Ärger und mitunter erheblichen finanziellen Einbußen verbunden. Während noch vor etwa 50 Jahren weite Teile unserer Heimat schwarzwildfrei waren, ist heute das Gegenteil der Fall.

Das Verbreitungsgebiet der „Schwarzkittel" erstreckt sich mittlerweile fast über ganz Deutschland, die Populationszahlen bewegen sich regional in beängstigender Höhe. Einhergehend mit tiefgreifenden und schwarzwildfreundlichen Veränderungen in der Landwirtschaft wurde die Anpassungsfähigkeit und das Fortpflanzungspotenzial dieser Wildart offenbar weit unterschätzt. Hinzu kommen „Ablenkungsfütterungen" und vermeintliche „Kirrungen", die gebietsweise fast ganzjährig und intensiv betrieben werden und de facto – teilweise illegale – Fütterungen darstellen. Kurzum: Das Schwarzwild ist oder wird *die* Problemwildart deutscher Jagd und Jäger.

Längst haben die Sauen auch menschliche Siedlungsbereiche erobert. Ganze Ortschaften mussten zum Schutz vor den Wildschweinen komplett eingezäunt werden – ein Ausnahmezustand!

Doch sind die Problemfelder, die sich im Zusammenhang mit den Sauen auftun können, damit nicht komplett: Das Schwarzwild als Allesfresser ist regional für den Rückgang der klassischen Niederwildarten mitverantwortlich und spielt im allgemeinen Artenschutz, speziell im Bereich bodenbrütender Arten, eine überaus negative Rolle. Diese Entwicklung zu stoppen und die Bestände der Sauen auf ein zahlenmäßig erträgliches Maß und in artgemäße Sozial- und Altersstrukturen zurückzuführen, muss in den nächsten Jahren und Jahrzehnten ein vorrangiges Ziel der Jagd in Deutschland sein.

▶ Allgemeines

Durch die ganz überwiegend nächtlichen Aktivitäten der Sauen spielt das Abfährten und Erkennen anderer Zeichen bei ihrer Bejagung und für die Wildschadensabwehr eine wichtige Rolle. Die sehr einfache Erkennbarkeit der Fährte sowie der Fraßbilder des Schwarzwildes erleichtern es dem Jäger, die „Schwarzkittel" zu bestätigen oder „festzumachen". Neben den Vorbereitungen für den gezielten und zeitgerechten Ansitz hat dabei das Kreisen bei Schnee im

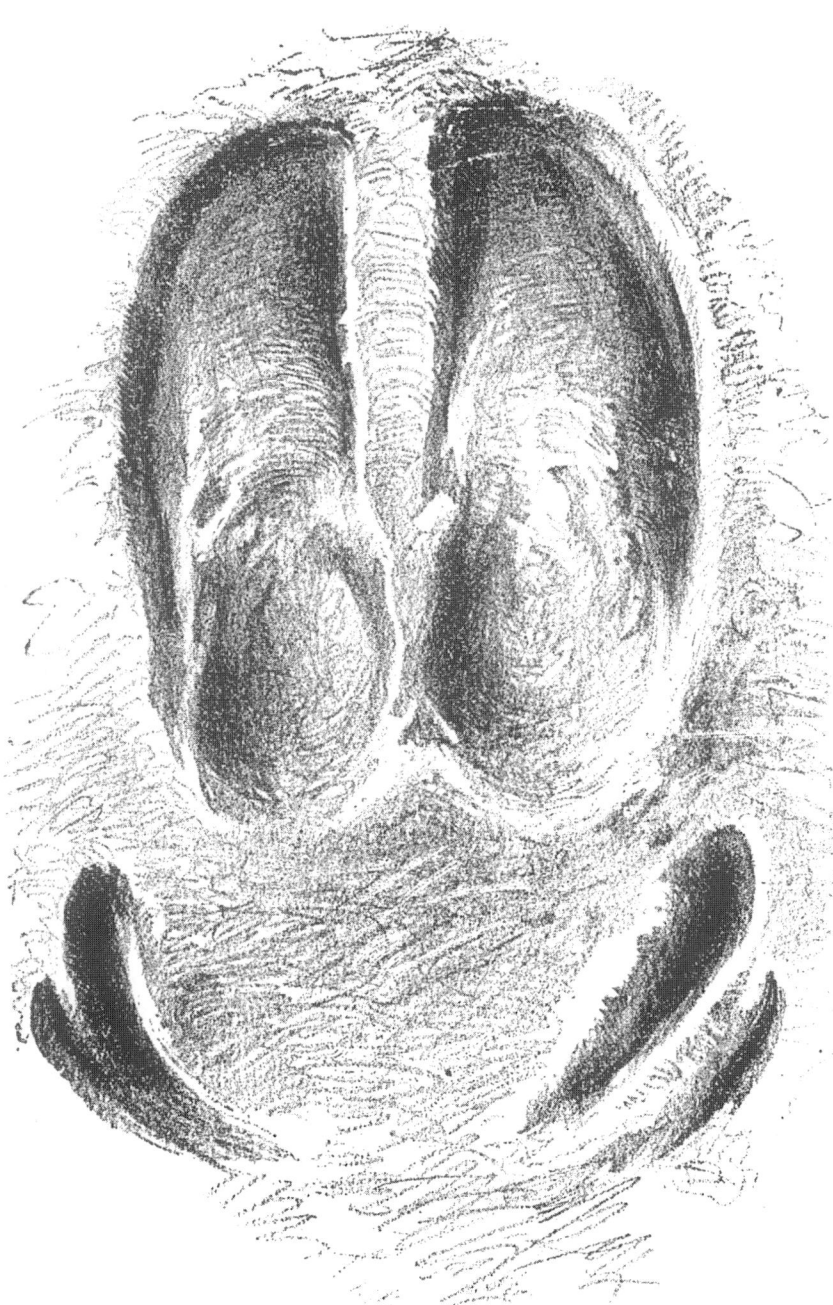

Trittsiegel eines Hauptschweins (~ natürliche Größe)

Wald oder im Sommer und Herbst um gefährdete landwirtschaftliche Kulturen besondere Bedeutung.

▶ **Die Fährte**

Von sämtlichen Fährten des heimischen Schalenwilds ist die des Schwarzwilds am leichtesten zu erkennen. Das bei halbwegs „weichem" Boden – unabhängig vom Geschlecht und Alter des einzelnen Stücks – stets abgedrückte und deutlich erkennbare, sowie seitlich nach außen versetzte *Geäfter* macht die Trittsiegel der Sauen unverwechselbar. Das einzelne Trittsiegel erscheint durch die Abdrücke der *Oberrücken* trapezförmig (s. Abb. S. 39). In der Fährte des Rotwilds stehen die Afterklauen dagegen – sofern sie überhaupt zu sehen sind – direkt hinter den Schalen (s. Abb. S. 13). Sie wirken außerdem rund, beim Schwarzwild eher halbmondförmig. Weiterhin ist die Schrittlänge des Rotwilds bedeutend größer.

Die absolute Länge und Breite der einzelnen *Trittsiegel* sowie die Schrittweite schwankt beim Schwarzwild in Abhängigkeit von der Stärke des Stücks in erheblichem Maße. Hinzu kommt, dass die Sauen individuell und regional unterschiedlich stark sind. Die in einigen anderen Büchern dargestellten Tabellen oder Grafiken, die einer bestimmten Trittsiegellänge und -breite Sauen unterschiedlichen Alters und unterschiedlicher Körpergröße zuordnen, sind dementsprechend mit äußerster Vorsicht zu genießen. Ich habe selbst vor einer Strecke gestanden, auf der ein drei- bis vierjähriger Keiler mit 83 Kilogramm

Schalensohle eines Frischlings

und ein Überläuferkeiler mit exakt 85 Kilogramm lagen.

Die Länge der Schalenabdrücke starker Keiler erreicht etwa neun bis elf Zentimeter, die Breite sieben bis acht Zentimeter. Sieht man von Ausnahmefällen wie der Fährte eines kapitalen Bassen einmal ab, sind die Trittsiegel von Bachen und Keilern nicht zu unterscheiden. Allein ziehende starke Sauen sind gewöhnlich Keiler, stärkere Fährten zwischen den Trittsiegeln von Frischlingen können naturgemäß der führenden Bache zugeordnet werden.

▶ **Zeichen außerhalb der Fährte**

Sauen „kann man riechen". Der typische Maggi-Geruch macht den Jäger bei gutem Wind frühzeitig auf steckende oder sich drückende Sauen aufmerksam. Weiterhin verfügt das sozial hoch organisierte Schwarzwild über ein umfangreiches Stimmrepertoire. Sie *quieken, grunzen, schreien, blasen, brechen* und *schmatzen*. Die Anwesenheit der Schwarzkittel verraten dem Jäger weiterhin die *Suhlen* und *Malbäume, Ruhe-* und *Wurfkessel*, die unverwechselbaren *Fraßbilder* sowie der *Keilerschaum* zur Rauschzeit, ein schaumiger Speichel, der häufig in Knie- bis Hüfthöhe an Waldbäumen, häufig an jüngeren Fichten oder Kiefern, abgestreift wird. Mitunter richten sich die Keiler zum Schaummarkieren auch auf die Hinterläufe auf, um eine möglichst hohe Stelle zu erreichen. An den nach der Suhle genutzten Malbäumen können die Höhe des frischen Mals selbst, sowie später auch einzelne, hängen geblie-

Gebräch: Solche Bilder entstehen, wenn Sauen im Boden nach Nahrung „brechen".

Malbaum mit teilweise abgescheuerter Rinde und Schlammspuren

bene Borsten Auskunft über die ungefähre Körperhöhe des jeweiligen Stückes geben.

Fährtenbilder einer ziehenden (l.) und einer flüchtigen Sau

Schadensbegrenzung ist überfällig

Schwarzwild ist ein uriges und jagdlich sehr attraktives Wild. Dennoch wird es höchste Zeit, seiner weiteren Ausbreitung Einhalt zu gebieten und die Bestände auf ein in jeder Hinsicht erträgliches Maß zurückzuschrauben. Es darf nicht sein, dass Sauen in Bodenbrüterschutzgebieten die Schutzziele in Frage stellen, in der Landwirtschaft fast ruinöse Schäden für den betroffenen Jagdpächter anrichten und die ohnehin angeschlagenen Niederwildbesätze noch weiter in Bedrängnis bringen. Hinzu kommt die Schweinepest. Ob die Seuche im Einzelfall von den Sauen ausgeht oder in den Ställen der Mastbetriebe ihren Ursprung hat, sei dahingestellt. Das Maß ist voll!
In Anhängigkeit von den örtlichen Gegebenheiten müssen wir dringend alle jagdlichen Möglichkeiten nutzen, um die Sauen zu reduzieren. Hierzu gehört auch die wildbiologisch vertretbare Erlegung älterer Bachen. Warum sollten ausgerechnet bei der Schalenwildart mit dem größten jährlichen Zuwachs die Träger dieses Zuwachses geschont werden? Solche Jagdstrategien konnten wir uns vielleicht noch leisten, als die Jagdstrecken nur einen Bruchteil der heutigen betrugen und die Sauen sich auf ein deutlich geringeres Verbreitungsgebiet beschränkten. Und Hand auf's Herz: Auch die ausgebrachten Futtermengen an vielen Ablenkungsfütterungen und Kirrungen müssen drastisch reduziert werden, um zumindest die Zahl der reproduzierenden Frischlinge abzusenken.

Raubwild und andere Beutegreifer

Der Luchs	43
Wildkatze und Hauskatze	45
Der Rotfuchs	48
Der Wolf	51
Der Marderhund	53
Der Waschbär	55
Der Dachs	57
Der Fischotter	60
Baummarder und Steinmarder	63
Der Iltis	68
Der Mink	70
Hermelin und Mauswiesel	71

Der Luchs

Die Spur des Luchses (*Lynx lynx* L.) führt über natürliche Zuwanderung, zum Beispiel aus Tschechien, Frankreich, der Schweiz oder Österreich sowie gezielte Wiedereinbürgerung (Harz) zurück nach Deutschland. Wo findet er ausreichend große Lebensräume? Wo tritt er in Konkurrenz zu menschlichen Nutzungsinteressen? – Fragen, die aktuell von Wildbiologen, Jägern und anderen Naturschützern diskutiert werden. Die Zeit wird uns zeigen, wo sich der Luchs langfristig wieder etablieren kann.

▶ **Brantenabdruck und Spur**

Das katzenartige Trittsiegel des etwa rehgroßen Luchses ist schon aufgrund seiner Größe und der nicht abgedrückten Krallen mit kaum einer anderen Raubwildspur – allenfalls mit der eines großen Hundes – zu verwechseln. Der unbehaarte Sohlenballen wirkt umgekehrt herzförmig, die vier halbkreisförmig vorgelager-

Der Brantenabdruck des Luchses (l. Vorderbrante, r. Hinterbrante)

ten und ebenfalls kahlen Finger- oder Zehenballen längsoval. Die Krallen bleiben in der Fortbewegung (außer beim Klettern) in Hauttaschen zurückgezogen und drücken sich auch in weicher Erde oder Schnee nicht ab.

Maße Brantenabdruck und Spur

Brantenabdruck Adulte (L x B)	ca. 7–9 x 7–9 cm
Schrittlänge Adulte	
langsame Gangart	ca. 80 cm
schneller Trab	120 – 150 cm
Sprung	bis 700 cm

Spurbilder des Luchses: Schlosstritt (l.) und flüchtig

Das einzelne Trittsiegel des Luchses wirkt rund, im Schnee kann die Spur durch die stark behaarten Branten (nicht die Ballen!) stärker als auf anderem Untergrund wirken.

Im Normalfall wird der kleinere Hinterfuß in den Abdruck des größeren Vorderfußes gesetzt (*Schlosstritt*). Bei sehr langsamer Fortbewegung, im Schleichen oder Pirschen oder aber in sehr schneller Gangart sind – wie bei allen Haarwildarten – die Abdrücke aller vier Läufe zu sehen. Im Ziehen oder Gehen stehen die Trittsiegel fast in einer Linie und wirken geschnürt ohne Schrank. Beim Schleichen oder Pirschen erscheint die Spur deutlich geschränkt.

▶ **Der Riss**

Neben der Spur und Losung geben die Rissbilder der Raubwildarten meist deutliche Hinweise auf den Verursacher. Der Luchs tötet seine Beutetiere durch gezielte Bisse in die Drossel. Die Beute zeigt also (relativ geringe) Verletzungen im Bereich der Drossel und – allerdings nicht obligatorisch – Krallen- oder Kratzspuren am Wildkörper, die durch die Decke bis ins Fleisch reichen.

Der Luchs frisst meistens zuerst die Keulen seiner Beute, die ganz überwiegend aus Schalenwild, besonders Reh- und Gamswild besteht. Die einzige Großkatze Europas bevorzugt offenbar Muskelfleisch, während sie die Innereien eher verschmäht. Bis zu welchem Grade aber der Luchs seine Beute nutzt, hängt einerseits von der Dichte seiner Beutetiere ab, vom Nahrungsangebot also, andererseits von eventuellen Störungen am Riss. Bei kompletter Ausnutzung bleiben meist nur das Skelett, der Verdauungstrakt sowie Haupt und Decke zurück. Nicht selten decken Luchse ihren Riss mit Schnee, Erde oder Laub ab, um später zum Kadaver zurückzukehren.

▶ **Die Losung**

Die *Losung* des Luchses riecht wie Raubkatzendung, dessen Geruch wir zumindest aus Zoos oder Wildparks kennen. Die etwa zweieinhalb bis drei Zentimeter großen, dunklen und rundlichen Würsten enthalten im Normalfall reichlich Schalenwildhaare, aber keine pflanzlichen Reste. Sofern ungestört, verscharren Luchse ihre Losung in Katzenmanier.

Die Wildkatze

Obwohl regional begrenzt, sind die Vorkommen der Wildkatze (*Felis sylvestris* SCHREBER) in Deutschland

Die Branten-abdrücke der Wildkatze (o. Vorderlauf u. Hinterlauf)

▶ Trittsiegel und Spur

Wie beim Luchs sind in der Spur der Wildkatze die Kralleneindrücke nicht zu sehen. Die scharfen Krallen sind in Hauttaschen zurückgezogen und werden nur beim Angriff, in Abwehrhaltung, beim Klettern oder beim Spiel mit der Beute eingesetzt.

Das einzelne Trittsiegel zeigt die für Katzen charakteristische runde, geschlossene Form. Den Sohlenballen sind an Vorder- und Hinterbrante jeweils vier längs-ovale und deutlich umrissene Ballen im Halbkreis, aber mit deutlich sichtbaren Zischenräumen, vorgelagert. Sämtliche Ballen sind unbehaart. Die dreieckig wirkenden Sohlenballen sind an der breiten Rückseite dreigelappt. Obwohl die Wildkatze an der Vorderbrante fünf Zehen hat, drücken sich im Trittsiegel nur vier ab. Der verkürzte Daumen erreicht den Boden nicht.

Ein besonderes Merkmal ist der sogenannte Mondring: Beim Trab tritt der Hinterfuß leicht versetzt in den Abdruck des Vorderfußes. Weil dabei die hinteren Zehenballen in die Zwischenräume der vorderen Zehen- oder besser Fingerballen treten können, entsteht vor dem Sohlenballen ein fast geschlossener Halbring aus mehreren Ballenabdrücken.

Die spezifische Belastung der Sohlen pro Flächeneinheit ist bei der Wildkatze deutlich höher als beim Luchs. Durch ihre kurzen Läufe ist die Wildkatze daher schon bei relativ geringen Pulverschneelagen ab etwa 20 bis 25 Zentimeter in ihren Fortbewegungsmöglichkeiten eingeschränkt. Die jeweiligen Schnee-

langfristig gesichert. Außerhalb der Alpen leben in einigen Mittelgebirgen wieder ausreichend große und vitale Wildkatzen-Populationen. Dennoch gilt es in Wildkatzengebieten wegen der möglichen Verwechslungsgefahr, graue und vermeintlich streunende Hauskatzen zu schonen.

Maße Brantenabdruck und Spur

Brantenabdruck Adulte (L x B, Kuder >Kätzin)	ca. 4,5 x 4–4,5 cm
Schrittlänge	
Gehen	ca. 25 cm
Trab	35 – 50 cm
Galopp	80 – 100 cm
Sprung	über 200 cm

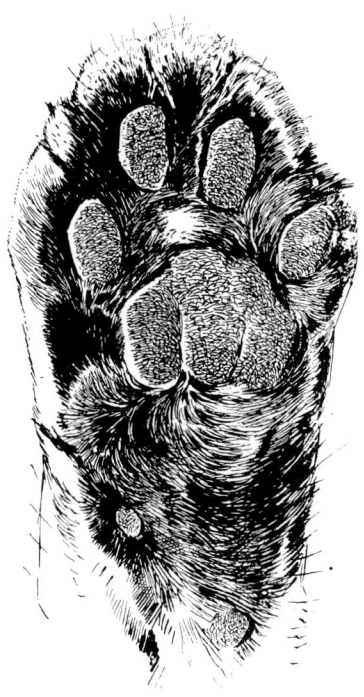 

Brantensohlen des Vorderlaufs von Wildkatze (l.) und Hauskatze (~ natürliche Größe)

höhen sind also entscheidend für die winterlichen Aktivitäten der Wildkatze.

▶ **Wild- und Hauskatze – die Unterscheidung fällt schwer**

Die Pfotenabdrücke der Wildkatze unterscheiden sich von denen einer ganz normalen Hauskatze (Hofkatze, Bauernkatze) tendenziell nur durch ihre Größe: Sie sind durchschnittlich etwa einen Zentimeter länger und breiter. Angesichts der kaum noch überschaubaren Rassenfülle bei den Hauskatzen ist dieses Merkmal aber nicht besonders zuverlässig. So gibt es inzwischen Hauskatzenrassen, die sogar deutlich größer als die Wildkatze sind. Die Unterscheidung anhand der Trittsiegel ist dann entsprechend schwierig beziehungsweise unmöglich.

Ähnliches gilt für die Unterscheidung von wildfarbenen Hauskatzen, Blendlingen (Bastarden) und Wildkatzen. Ohne auf signifikante Unterschiede in der Morphologie von Wild- und Hauskatze näher einzugehen, sei an dieser Stelle bemerkt, dass der so genannte „Brandtsche Sohlenfleck"

Der Rotfuchs

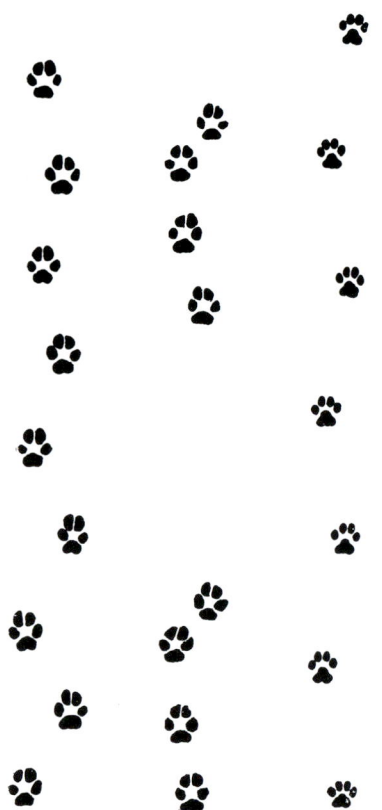

Spur der trabenden (l.) und flüchtigen (Mitte) Wildkatze und der trabenden Hauskatze (r.)

oder verlängerte Haare am oberen Rand der Ohrmuschel zur zweifelsfreien Ansprache einer Wildkatze ungeeignet sind.

Im Verbreitungsgebiet der Wildkatze tut der Jäger trotz des Risikos einer Bastardisierung durch streunende Hauskatzen also gut daran, in fraglichen Fällen Zurückhaltung zu üben.

In zahlreichen Niederwildrevieren zählt die Fuchsspur – gemeinsam mit der Rehwildfährte – mittlerweile leider zu den häufigsten „Wildspuren" auf Wegen, Pässen und in der „Neuen". Ähnlich wie beim Schwarzwild (s. S. 38) sind die Hauptgründe für diese Entwicklung in veränderten menschlichen Landnutzungsformen, einem offenbar erhöhten Nahrungsangebot in der Kulturlandschaft sowie in der extremen Anpassungsfähigkeit Reinekes und seinem erstaunlich hohen Reproduktionspotenzial zu suchen. Die Fuchsstrecke in Deutschland ist seit dem Jagdjahr 1981 mit 250 659 Rotröcken bis heute auf weit über 650 000(!) gestiegen und steigt tendenziell weiter. Die deutlich erhöhten Strecken durch eine leider nur regional spürbare Intensivierung der Fuchsbejagung erreichen die jährlich reproduzierenden „Stammbesätze" also bisher nicht. Im Sinne der Seu-

Der Brantenabdruck des Rotfuchses

liche Finger- oder Zehenballen sind mit einer relativ gut ausgeprägten Kralle versehen, die in ihrer Gesamtheit die Grabfähigkeit des Fuchses gewährleisten. Die Ballen selbst sind kahl, die dichte Behaarung des Zwischenraums sorgt dafür, dass kein „Schmutz" zwischen die Zehen gelangt und gewährleistet eine gute Isolierung. Die Vorderbranten sind größer und kräftiger als die Hinterbranten.

Maße Brantenabdruck und Spur	
Brantenabdruck Adulte (L x B)	ca. 5 x 4–4,5 cm
Schrittlänge:	
langsame Gangart	20–25 cm
schneller Trab	bis 30 cm

Das Trittsiegel des Fuchses erscheint seiner Sohle und der Anordnung der Ballen ensprechend länglich oval. Im nicht zu tiefen, festen Schnee und in feuchtem Boden drücken sich vor den Ballen die Krallen ab, der Fuchs nagelt. Das Trittsiegel ist seiner längsovalen Form entsprechend länger als breit. Die Brantenabdrücke des Rüden sind durchschnittlich etwas stärker als die der

chenhygiene (Echinokokkose, Tollwut) sowie der Niederwildhege und des allgemeinen Artenschutzes muss die Bejagung des Fuchses in Deutschland daher dringend weiter intensiviert werden.

▶ **Brantenabdruck und Spur**

Die Fußsohle des Fuchses zeigt zunächst den Mittel- oder Sohlenballen. Diesem seitlich vorgelagert sitzen die Ballen der Außenzehen, des zweiten und fünften Strahls. Die Spitzen dieser Außenzehenballen erreichen etwa das hintere Ende der Mittelzehenballen oder liegen sogar leicht dahinter (s. Abb. rechts). Die vorgeschobenen Mittelzehenballen liegen ihrerseits recht dicht zusammen, und ihre Gesamtbreite entspricht etwa jener des Sohlen- oder Mittelballens. Sämt-

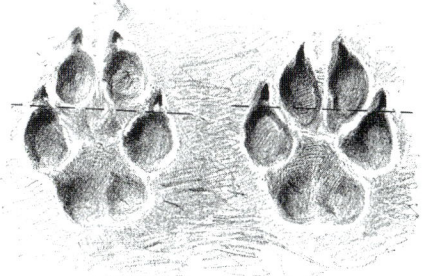

Brantenabdrücke Fuchs (l.) und Hund im Vergleich

Spurbilder des Fuchses: Trab (schnürend), leicht flüchtig, hochflüchtig (von l. nach r.)

holen dabei im Sprung die Vorderen und drücken sich vor diesen ab (s. Abb. links). Bei mittleren und höheren Schneelagen finden sich vor den Trittsiegeln Schleifspuren der Branten- oder Laufvorderseiten sowie in der Mitte die der Lunte.

Das Trittsiegel eines Hundes erscheint ungeachtet seiner Größe stets rundlicher. Die Spitzen der Außenzehenballen reichen deutlich sichtbar und seitlich über das Ende der Vorderzehenballen hinaus (s. Abb. S. 49). Die Trittsiegel großer Hunde sind weiterhin bedeutend größer, die Schrittweite ebenfalls.

▶ **Losung und Lautäußerungen**

Die Losung des Fuchses ist im Normalfall schmal walzenförmig und an einem Ende spitz und gedreht ausgezogen. Füchse lösen sich häufig sehr auffällig auf erhöhten Strukturen wie Steinen, Maulwurfshaufen, anderen Erhebungen sowie auf Wegen. Besonders zur Ranzzeit ist das heisere Bellen zu hören, das nicht sehr laut, aber trotzdem weit hörbar ist. Welpen nutzen das Bellen als Kontaktruf. Altfüchse warnen ihre Jungtiere mit einem lauten und langgezogenen Bellen, das etwas an das Schrecken des Rehwildes erinnert. Weiterhin keckern, winseln und kreischen Füchse bei sozialen Begegnungen im Spiel oder Kampf.

Fähe, die Geschlechter am Trittsiegel allein aber nicht zu unterscheiden.

Die Abdrücke der Hinterpfoten fassen in jene der Vorderpfoten, und die Trittsiegel erscheinen nur minimal geschränkt, wie „an der Schnur gezogen" – der Fuchs schnürt. Bei langsamer Flucht stehen jeweils zwei Trittsiegel leicht versetzt nebeneinander, in hoher Flucht gleicht die Fuchsspur der typischen Hasenspur mit vier Tritten. Die Hinterbranten über-

▶ **Der Fuchsbau**

Auch wenn Füchse speziell außerhalb der Ranz weit weniger häufig bis äußerst selten im Bau stecken als angenommen, verraten seine unterschiedlichen Bauanlagen Reinekes Anwesenheit. Die plattgetretenen Spielplätze und Nahrungsreste vor den Einfahrten kennzeichnen die Wurfbaue. Füchse gelten allgemein als grabfaul und nutzen häufig gemeinsam mit dem Dachs dessen Bauanlagen oder Burgen. Der Dachsbau ist durch eine tiefe Rille vor den Einfahrten, die beim Reinigen der Baue oder weiterem Aufgraben der Röhren entsteht, vom Fuchsbau leicht zu unterscheiden. Trittsiegel vor den Einfahrten sowie frische, runde Liege- und Sonnplätze auf dem Bau – bei Schnee besonders gut sichtbar – zeugen ebenso von Reinekes Präsenz wie sein unverwechselbarer, penetranter Geruch.

Der Wolf

Mit dem Braunbären und dem Luchs zählt der Wolf (*Lupus canis* L.) zu den letzten Großraubwildarten Europas. Einst mit allen Mitteln verfolgt und letztlich ausgerottet, schickt sich Isegrim als besonders geschützte Tierart nun an, vormals verlorenes Terrain wieder zu besiedeln – vereinzelt auch in Deutschland. Die damit verbundenen möglichen Probleme sind bekannt. Die Diskussion, ob und wie sie zu lösen sind, soll und kann an dieser Stelle nicht vertieft werden, und letztlich werden es nur die Zeit und die Erfahrung klären, ob und wie sich der Wolf mit einer dicht besiedelten Kulturlandschaft und ihren menschlichen Einwohnern samt ihrer spezifischen Landnutzung arrangieren kann.

▶ Brantenabdruck und Spur

Als Stammform aller Haushunderassen zeigt auch die Sohle des Wolfes einen Sohlen- oder Mittelballen und vier vorgelagerte Zehenballen mit nicht einziehbaren Krallen. Die Länge des Trittsiegels der Vorderläufe und der Hinterläufe variiert in Abhängigkeit vom Geschlecht und Alter sowie der individuellen Stärke.

Der polnische Wolfsexperte HENRYK OKARMA gibt Trittsiegellängen bis 13,7 Zentimeter an, was meines Erachtens aber nur auf sehr starke Rüden zutreffen dürfte.

Die Trittsiegel adulter Wölfe sind durchschnittlich wesentlich größer als jene der gängigen größeren Hunderassen, dennoch sind sie von den Spuren wirklich großer Hunde nur äußerst schwierig zu unterscheiden.

Maße Brantenabdruck und Spur

Trittsiegel Adulte (L x B)	
Vorderlauf	10–11 cm x 8–9 cm
Hinterlauf	8,5–10 cm x 6,5–8 cm
Schrittlänge Adulte im Trab	ca. 100 cm

Vorderer (o.) und hinterer (u.) Brantenabdruck des Wolfs

Die beiden Mittelzehen sind beim Wolf leicht vorgeschoben, weshalb das Trittsiegel des Wolfes insgesamt eher etwas oval oder langgestreckt erscheint, das der Hunde mehr rund. Im schnellen Lauf, im Galopp auf der Flucht oder Hetze, drücken sich die Hinterbranten vor jenen der Vorderläufe ab.

▶ **Riss und Losung**

Die Anwesenheit eines Wolfes im Revier – in Deutschland handelt es sich offenbar weitgehend noch um einzelne wandernde Rüden – wird uns auch durch die Risse bzw. Reste der gerissenen, im jeweiligen Gebiet vorkommenden Schalenwildarten bestätigt. Von ihren Beutetieren hinterlassen Wölfe (sofern ungestört) meist nur das Haupt, die Wirbelsäule und Extremitätenknochen sowie etwas Haut.

Wölfe können jedoch auch starke Knochen zerbrechen, so dass gerade juvenile Beutetiere wie Kälber und Frischlinge im wahrsten Sinne des Wortes „mit Haut und Haar" (und Knochen) komplett aufgenommen werden.

Die Wolfslosung ist entsprechend reich mit den Haaren der Beutetiere durchsetzt. Das Gros des Beutespektrums entfällt auf die hirschartigen, also geweihtragenden Schalenwildarten und auf Sauen. Die in der Literatur häufig zu findende Angabe, dass die potenziellen Beutetiere mit vermehrter Scheu und zunehmender Heimlichkeit auf die Anwesenheit von Wölfen (und Luchsen) reagieren, wurde mir durch wolfserfahrene polnische Forstleute in verschiedenen Regionen unseres östlichen Nachbarlandes bestätigt.

Der Marderhund

Die ursprüngliche Heimat des etwa fuchsgroßen Marderhundes oder Enok (*Nyctereutes procynoides* GRAY) aus der Familie der Caniden (Hundeartigen) liegt in Ostasien und erstreckt sich etwa von Ostsibirien über die Mandschurei bis Nordvietnam und Japan. Seit 1928 wurden im europäischen Russland Marderhunde zur Bereicherung der dortigen Pelztierfauna ausgesetzt und in Farmen gehalten. Von dort aus verbreitete sich der Enok über Ost- nach Nord- und Mitteleuropa. Heute ist der Marderhund in vielen deutschen Revieren – besonders im Nordosten der Bundesrepublik – längst Normalität.

▶ **Brantenabdruck und Spur**
Die Fußsohle des Marderhundes weist wie die des Fuchses und Hundes an Vorder- und Hinterbranten jeweils einen Sohlenballen sowie zwei Außen- und zwei Mittelzehenballen mit Krallen auf. Die Anordnung unterscheidet sich jedoch deutlich. Die vier Zehenballen stehen regelmäßig gespreizt und fächerförmig vor dem Sohlenballen. Das Trittsiegel erscheint dadurch noch runder als das des Hundes und beschreibt im Umriss fast einen Kreis, ist tatsächlich aber etwas breiter als lang.

Die Länge des Trittsiegels beträgt etwa vier bis fünf Zentimeter, seine Breite durchschnittlich fünf bis sechs Zentimeter. Die Abdrücke der Hinterpfoten sind kleiner als die der Vorderen, das Trittsiegel des Rüden durchschnittlich stärker als das der Fähe.

Die Geschlechter sind am Trittsiegel allein nicht zu unterscheiden. Die

Die Brantenabdrücke des Marderhunds:
o. Vorderlauf,
u. Hinterlauf

Spurbilder des Marderhunds: Schnürend (l.) und auf Nahrungssuche „bummelnd"

Enokspur zeigt im Trab einen größeren Schrank als der schnürende Fuchs. Die weiteren Gangarten hinterlassen jeweils zwei oder drei Tritte links und rechts einer gedachten Mittellinie, die Fluchtspur zeigt wie die des Fuchses „Hasencharakter". Bei höheren Schneelagen schleift in der Mitte des Spurbildes die Lunte.

▶ **Sonstige Zeichen**

Die fast ausschließlich nachtaktiven Tiere graben selbst Baue, beziehen oder übernehmen aber häufig Fuchs- oder Dachsbaue. In feuchten Lebensräumen werden Schilf- oder Reisignester angelegt, in denen auch die Welpen geboren werden. Über die Lautäußerungen ist wenig bekannt, Enoks gelten als relativ „stumm". Im Revier werden sogenannte *Latrinenplätze* angelegt, die einerseits dem Funktionskreis der Territorialität zugeordnet werden, andererseits aber weitere soziale Bedeutung zu haben scheinen.

▶ **Ökologische Bedeutung**

Der Enok hält in seinem ursprünglichen Verbreitungsgebiet – ähnlich wie der Dachs – eine Winterruhe, die aber mehrfach von Aktivitätsphasen unterbrochen wird. In den sehr milden mitteleuropäischen Wintern dürfte diese Winterruhe aber häufig beziehungsweise regelmäßig teilweise oder ganz entfallen. Die aktuelle expansive Verbreitung gen Westen wirft etliche ökologische und jagdpraktische Fragen auf. Fest steht, dass der Enok in Mitteleuropa keine freie ökologische Nische oder Rolle in dem Beziehungsgefüge der Prädatoren besetzt. Ob der Gesamt-Räuberdruck durch das Vorkommen der Art steigt, ist aber nicht bekannt. In einigen Teilen Nordost-Finnlands hat der scheinbar konkurrenzstärkere Marderhund den Rotfuchs weitgehend verdrängt. Die Konkurrenz hinsichtlich der Nahrung, des Lebensraumes (Baue!) und gemeinsame Krankheiten (Tollwut, Räude etc.) sprechen dafür. Aus Sicht der Seuchenhygiene, der Niederwildhege und des allgemeinen Artenschutzes (Bodenbrüter!) aber sollte der Enok wie der Fuchs unter voller Ausschöpfung der jagdrechtlichen Vorgaben intensiv bejagt und bei jeder sich bietenden Möglichkeit tierschutzgerecht erlegt werden.

Der Waschbär

Mit dem Marderhund und dem Mink zählt der Waschbär (*Procyon lotor* L.) zu den Neubürgern (Neozoen) im Faunen-Segment der Beutegreifer. Er zählt zur Familie der Kleinbären und stammt ursprünglich aus Nordamerika. Zwischen 1927 und 1934 wurde er in Deutschland als vermeintliche Bereicherung der heimischen Fauna und aus jagdlichem Interesse aktiv ausgesetzt. Hinzu kamen entwichene Exemplare aus Pelztierfarmen, zoologischen Gärten und Wildparks. Heute ist der Waschbär über ganz Deutschland und Mitteleuropa verbreitet und nutzt wie seine nordamerikanischen Artgenossen längst auch menschliche Siedlungen bis hin zu Großstädten. Vor allem im hessischen Kassel sind die „Stadtbären" mittlerweile ein ernst zu nehmendes Problem.

▶ Brantenabdruck und Spur

Anders als bei den übrigen besprochenen Raubwildarten unterscheiden sich die nackten Sohlen und Trittsiegel der Vorder- und Hinterläufe des Waschbären deutlich voneinander und machen die Spur des Sohlengängers unverwechselbar. Die Hinter- und Vorderbranten zeigen fünf Zehen beziehungsweise Finger, die sich bei weichem Boden alle inklusive der zugehörigen Krallen im Trittsiegel abdrücken.

Die Tritte der Vorderbranten wirken durch die relativ langen Finger – Waschbären können gut greifen – wie kleine Hände. Die Abdrücke der Hinterbranten erwecken den Eindruck von Kinderfüßen. Durch seine langen Hinterläufe wirkt der Waschbär hinten leicht überbaut. Im Vergleich zu anderen Raubwildarten wirkt die Fortbewegung schwerfällig, wenig elegant und springend.

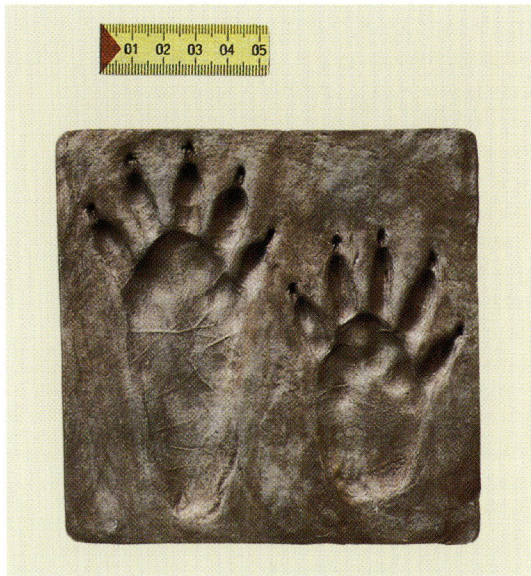

Brantenabdrücke des Waschbären: l. Hinterlauf, r. Vorderlauf

einander, die Hinterbranten fassen ineinander oder kurz hintereinander. In der Flucht greifen auch beim Waschbären die Hinterläufe vor die Vorderläufe und die jeweiligen Abdrücke stehen fast parallel zueinander.

▶ **Sonstige Zeichen**

Die Losung des Allesfressers ist durch die verschiedenartige Konsis-

Maße Brantenabdruck und Spur

Trittsiegel Adulte (L x B)	
Vorderbranten	ca. 7 cm x 5–5,5 cm
Hinterbranten	ca. 9 cm x 5 cm
Schrittlänge Adulte	
Passgang	30–35 cm
Dreitritt	bis 40 cm
Sprung (Flucht)	50–60 cm

Im Passgang drücken sich die Vorder- und Hinterbranten einer Seite hintereinander ab. Dabei stehen dem Trittsiegel der linken Hinterpfote das der rechten Vorderpfote und dem der linken Vorderpfote das der rechten Hinterpfote direkt oder leicht versetzt gegenüber. Im Dreisprung oder Dreitritt liegen die Vorderbranten neben-

Spurbilder des Waschbären: Passgang (l.), Dreitritt (Mitte) und Flucht

tenz nicht immer eindeutig zuzuordnen. Unzweifelhafte Hinweise geben hingegen die *Latrinen* in der Nähe des Verstecks, zum Beispiel auf *Schlafbäumen*, Scheunen- oder Hausböden sowie gelegentlich auf Hochsitzen. Waschbären beziehen häufig Baumhöhlen. Die *Kratz-* beziehungsweise *Kletterspuren* an der Rinde der Ruhebäume belegen die Anwesenheit des Kleinbären.

Hinsichtlich des Lebensraumes sind Waschbären in höchstem Maße anpassungsfähig. Sinkt die Temperatur im Winter dauerhaft unter Null Grad Celsius, fällt der Waschbär in eine Winterruhe, die bei milderen Temperaturen wie beim Marderhund und Dachs unterbrochen wird.

Der Dachs

Auch wenn exakte und flächendeckende Zahlen zum Dachs (*Meles meles* L.) bisher fehlen, kann festgestellt werden, dass sich die Populationen des großen Erdmarders tendenziell im Aufwind befinden. In vielen Revieren, in denen seit Menschengedenken keine Dachse mehr vorkamen, sind sie Normalität und dort, wo sie revierübergreifend schon immer eine Heimstatt fanden, sind ihre Besätze zumindest stabil, oft aber steigend, was im Kontext der Territorialität der Art letztlich die Triebfeder der Ausbreitung ist.

▶ **Bestandsentwicklung**

Durch seine meist nächtlichen Aktivitätsphasen und sehr unauffällige Lebensweise entstehen häufig jedoch weitgehend unzutreffende Einschätzungen zur Häufigkeit und Verbreitung des Dachses. Auch wenn Streckenstatistiken sicher nicht vorbehaltlos auf Populationsentwicklungen übertragen werden können, so geben sie mitunter doch Hinweise auf die aktuelle Populationsdynamik einer Art: Die Dachsstrecken haben sich bundesweit innerhalb der letzten zehn Jahre (1981 – 2000) mehr als versechsfacht. Durch die Tatsache, dass nur relativ wenige Jäger gezielt und intensiv auf Dachse jagen, dürften die Populationen im Verhältnis mindestens ebenso angestiegen sein. Die größten Streckensteigerungen erfolgten in dieser Zeit in Hessen (Faktor 17) und in Niedersachsen (Faktor 12).

▶ **Lebensräume**

Ideale Lebensräume des Dachses sind die Laubmischwälder der Ebene und Mittelgebirge. Insgesamt erweist sich Grimbart aber als recht anpassungsfähig und gehört mittlerweile auch in zahlreichen relativ wenig oder nur partiell bewaldeten Revieren zum Standwild. Erste Prämisse ist die

Brantensohlen des Dachses: Vorderbrante mit Grabkrallen (l.) und Hinterbrante (~50% der natürlichen Größe)

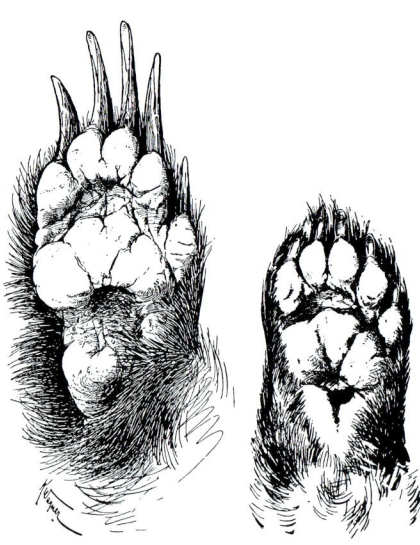

Maße Brantenabdruck und Spur

Trittsiegel Vorderbranten Adulte ohne Fersenballen (L x B)	ca. 5 cm x 5–6 cm
Schrittlänge Adulte	
Gehen	25–40 cm
Trab, Galopp und Sprung	bis 80–90 cm

Der Brantenabdruck des Dachses (r. Vorderbrante, l. Hinterbrante)

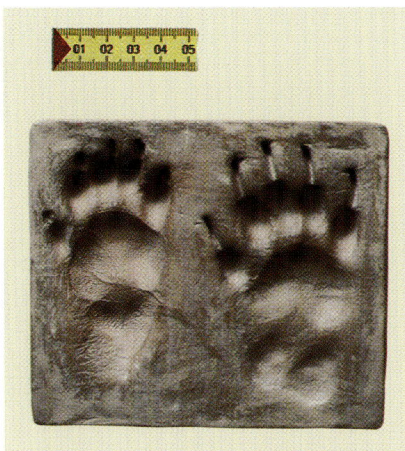

Grabfähigkeit des Bodens. Sümpfe und Moore, Bruchwälder und staunasse oder grundwassernahe Standorte sind ungeeignet.

▶ **Brantenabdruck und Spur**

Die Sohlen der Dachsbranten zeigen fünf Zehen- beziehungsweise Fingerballen, die dem dreigelappten Mittelballen in einem nur flach gekrümmten Bogen vorgelagert sind. Dahinter sitzt der Fersenballen des Sohlengängers. Die Vorderbranten verfügen über stark ausgebildete lange Krallen (Grabkrallen) und sind stärker als die kürzer „bekrallten" hinteren Branten.

Das Trittsiegel des Dachses zeichnet sich unter anderem durch die fast immer abgedrückten, zumindest aber in der Spitze angedeuteten Krallen der Vorderpfoten aus – Dachse *nageln*, ein immer wiederkehrendes Element der Jägerprüfung. In lockeren und weichen Böden oder im Schnee wird die Dachsspur darüber hinaus durch die deutlich abgedrückten fünf(!) Zehenballen charakterisiert. Auf härterem Untergrund wird die schwächere Innenzehe mitunter nur leicht oder gar nicht abgedrückt. Ein weiteres charakteristisches Merkmal der Dachsspur, das meines Erachtens oft zu wenig Beachtung in der Spurenkunde findet, ist die Tatsache, dass das Trittsiegel zumindest der Vorderbranten ohne die Krallen und den nur selten abgedrückten Fersenballen in aller Regel breiter als lang ist. Ein Merkmal, das sonst nur auf die Vordertatzen des Bären oder auf den Luchs zutrifft.

Fasst man alle Anhaltspunkte zusammen, so ist die Dachsspur eines jener Tierzeichen, die auch naturinteressierten Kindern oder Neulingen „in der Spur" schon bald völlig vertraut und bekannt sein werden. Insgesamt erinnert die Spur des Dachses an die eines kleinen Bären.

Die Schrittlänge des kurzläufigen Dachses ist im Verhältnis zu seiner Kopf-Rumpf-Länge gering und misst im Gehen nur etwa 25 bis 40 Zentimeter. Häufig wird der Hinterfuß ganz oder teilweise in die Tritte des Vorderfußes gesetzt. Weitere Fortbewegungsarten sind der Trab, der Galopp oder der Sprung.

▶ **Sonstige Zeichen**

Neben den meist deutlich ausgetretenen Rinnen in den Einfahrten der Röhren und dem Geschleif (vgl. Fuchs), kennzeichnen auch die *Dachstoiletten* oder *Abtritte* den (befahrenen) Dachsbau. Dachse lösen sich in selbstgegrabene kleine Gruben in Baunähe, die Losung wird nicht abgedeckt. Weiter finden sich im Revier sogenannte *Kotplätze*, die offenbar der Territorialität, aber auch anderer sozialer Kommunikation dienen. Die Losung selbst (s. S. 113) ist mitunter breiig, ansonsten länglich walzenförmig und enthält häufig die unverdaulichen Chitinteile aufgenommener Insekten oder Pflanzenteile (Kerne, Samen usw.).

Je nachdem, wie alt eine *Dachsburg* ist, wird sie auch durch die ausgetretenen *Dachspfade* gekennzeichnet, die Grimbart auf seinem Weg vom Bau weg und zurück quasi „zementiert".

Spurbilder des vertraut trabenden (l.) und des flüchtigen Dachses

Der Dachs *sticht* weiterhin im Boden nach Nahrung, zum Beispiel nach Untermast, Insekten oder Wurzeln; die dabei entstehenden Löcher sind sehr unregelmäßig. Das in der Literatur häufig beschriebene Suhlen der Dachse oder die ebenfalls erwähnten Malbäume konnte ich bisher nicht beobachten.

Der Fischotter

Der Fischotter (*Lutra lutra* L.) zählt zu den bedrohtesten Säugetieren Deutschlands und Mitteleuropas. Die Kombination der gottlob beendeten, aber bis zuletzt schonungslos geführten menschlichen Bekämpfung aller tierischer „Nahrungskonkurrenten" in Verbindung mit einer fortschreitenden Lebensraumzerstörung traf den Otter mit voller Härte. Schon seit Jahrzehnten rangiert nun der Wassermarder bedauerlicherweise unter den „TopTen" der bundesweiten Roten Listen.

Das größte Fischotter-Vorkommen Deutschlands beherbergt Mecklenburg-Vorpommern. So selten der Otter auch ist, gibt er uns dort, wo er vorkommt, auch ohne Direktbeobachtungen unzweifelhafte Hinweise auf seine Anwesenheit.

▶ **Brantenabdruck und Spur**

Zunächst zur Otterspur: Die Sohlen der Vorder- und Hinterbranten zeigen einen Mittelballen, dem jeweils fünf Zehenballen halbkreisför-

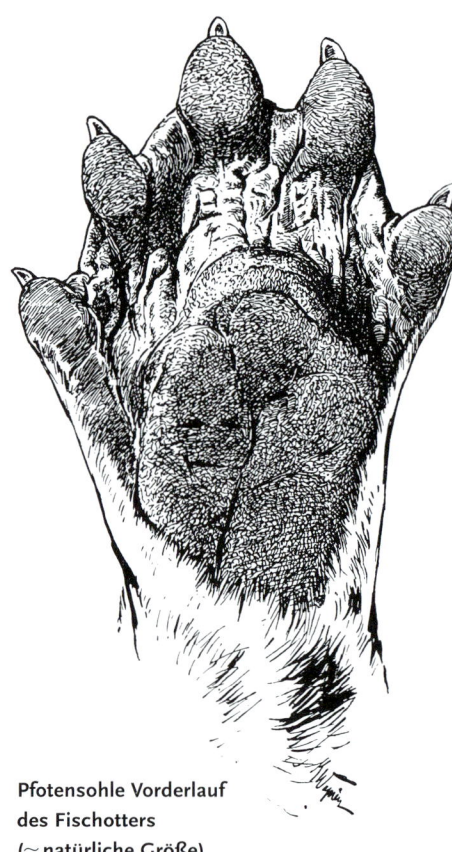

Pfotensohle Vorderlauf des Fischotters
(~ natürliche Größe)

mig vorgelagert sind. Die fünf Zehen verfügen über nicht einziehbare, relativ kurze Krallen und sind durch Schwimmhäute miteinander verbunden. Hinter dem Mittelballen der Hinterbrante ist ein rundlicher Fersenballen zu sehen.

In der Spur sind die *Schwimmhäute* nur in besonders weichem Boden oder Schnee sichtbar. Auch die schwächere Außenzehe drückt sich häufig nicht oder nur angedeutet im Trittsiegel ab. Die Trittsiegel der Vorderbranten sind fast genauso breit wie lang und wirken rund. Jene der Hinterbranten sind umso länger, je mehr der Otter von der Gesamtsohle aufsetzt. Vom Dachs einmal abgesehen, hinterlässt der Otter die mit Abstand größten Trittsiegel aller heimischen Marderarten.

Die Gangarten und demzufolge die Spurbilder des Fischotters sind vielfältig. Im Gehen wird die Hinterpfote durch den sehr langgestreckten Körper hinter den Abdruck der Vorderpfote gesetzt. Die Spur wirkt dann sehr eng und wellenförmig geschnürt. Im Trab kommt es annähernd zum Schluss von Vorder- und Hinterbranten. Im Sprung oder Galopp kann es zum Paartritt, Dreitritt oder zur „Hasenspur" kommen. Ein besonders charakteristisches Spurbild im Galopp oder Sprung aber entsteht, wenn alle vier Pfoten schräg versetzt hintereinander in einer diagonalen Linie aufgesetzt werden (s. Abb. 62).

Schon bei relativ niedrigen Schneelagen ist durch die ausgeprägte Kurzläufigkeit des Otters eine furchenartige *Schleifspur* des Körpers und der Lunte zu sehen. Auf schneebedeckten Hängen und Uferböschungen kann der Otter eine Spur ohne jeden Fußabdruck hinterlassen: die so genannten *Rutschbahnen*, die der Fischotter im Spiel hinterlässt. Der Spieltrieb des Wassermarders ist of-

Trittsiegel des Fischotters: o. Vorderlauf, u. Hinterlauf

Maße Brantenabdruck und Spur

Trittsiegel Adulte	
Vorderbranten (L x B)	ca. 5–6,5 cm x 4,5–6 cm
Hinterbranten (L)	ca. 9 cm
Sprungweite Adulte	40–50 cm

Fischotterspur im Trab (l.) und flüchtig

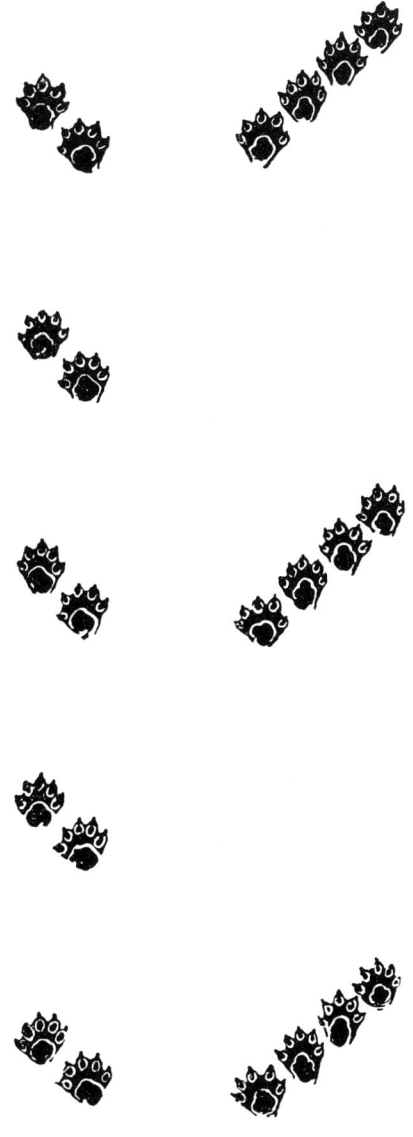

▶ **Sonstige Zeichen**

Die meist tranig riechende Losung wird häufig auf etwas erhöhten Strukturen an den Ufern der genutzten Gewässer als Markierung abgesetzt und ist durch die fast immer vorhandenen und sichtbaren Fischschuppen oder -gräten gekennzeichnet. Doch nimmt der Otter auch Krebse, (Wasser-)Insekten, Muscheln, Amphibien, Kleinsäuger bis etwa Bisamgröße und Wasservögel, die dann durch ihre unverdaulichen Reste die Beschaffenheit der Otterlosung sowie der *Fraßplätze* bestimmen.

Losung und *Fraßspuren* sind häufig an den Ein- und Ausstiegen am Ufer zu finden und eventuell mit jenen des ebenfalls wasser- und landbewohnenden Minks zu verwechseln, der in seiner Lebensweise und den genutzten Beutetieren dem Otter am nächsten kommt. Seine Losung ist allerdings bedeutend kleiner.

Die *(Wurf-)Baue* und sonstige *Ruheplätze* oder Verstecke des Otters sind ebenso vielgestaltig wie schwer zu entdecken. Natürliche und eventuell selbst erweiterte Unterspülungen unter Baumwurzeln und Steinen im Uferbereich werden ebenso genutzt wie Schilfnester, Biber- und Bisamburgen, Fuchs- und Dachsbaue oder Holzhaufen in Ufernähe.

▶ **Schutzmaßnahmen**

Zum Schutz des Otters sollten in seinen verbliebenen oder wieder hergestellten Lebensräumen folgende Maßnahmen oder Handlungen unbedingt unterbleiben: Weitere Uferverbauung und -begradigung, Ver-

fenbar besonders stark ausgeprägt, was vielleicht auch die ohne ersichtlichen Grund häufig wechselnden Gangarten erklären kann.

schmutzung oder Vergiftung der Gewässer, Fischfang mit Reusen, Einsatz von Totschlagfallen, intensive Störung durch Sportfischerei oder andere Freizeitaktivitäten wie Wassersport und ähnliche.

Baummarder und Steinmarder

Bei oberflächlicher Betrachtung könnte man den Baummarder (*Martes martes* L.) und den Steinmarder (*Martes foina* ERXLEBEN) fast als Unterarten oder geografische Rassen einer Art, wie beispielsweise Nebel- und Rabenkrähe bei der Aaskrähe, ansehen. Bei genauerem Hinsehen entpuppen sich beide aber als eigenständige Spezies in der Familie der Marderartigen. Selbst Kreuzungsversuche in Gefangenschaft schlugen durch die Bank fehl, und sämtliche Berichte über Bastarde zwischen Baum- und Steinmarder hielten einer genaueren, wissenschaftlichen Überprüfung nicht stand. Dagegen ist bekannt, dass sich der Baummarder mit dem unter anderem in der Taiga Sibiriens vorkommenden Zobel auch in freier Wildbahn kreuzt.

▶ **Vorkommen und Lebensräume**

Stein- und Baummarder trennen jedoch nicht nur etliche morphologische Merkmale unzweifelhaft voneinander. Auch die Populationsdynamik und -entwicklung beider Arten nahm in den zurückliegenden Jahrzehnten einen sehr unterschiedlichen Verlauf. Der Steinmarder entpuppte sich durch seine Anpassungsfähigkeit als

Baummarder

Steinmarder

Kulturfolger und ist mittlerweile selbst in mitteleuropäischen Metropolen und Ballungsgebieten in großer Zahl anzutreffen. Die unzähligen

Schäden an Kraftfahrzeugen („Automarder"), sowie die zahlreichen Hilferufe nicht jagender Mitbürger, man möge sie doch bitte von dem allnächtlichen Spuk und Lärm auf dem Dachboden befreien, beweisen, dass „Weißkehlchen" längst zu unseren unmittelbaren Nachbarn zählt. Kurzum: Der Steinmarder ist eigentlich allgegenwärtig.

Das Vorkommen des Baummarders hingegen ist nach wie vor weitgehend an den Lebensraum Wald gebunden. Die bisherige Lehrmeinung, dass der Baummarder große zusammenhängende Laub- oder Nadelwälder benötigt, muss vor dem Hintergrund neuer wildbiologischer Erkenntnisse allerdings verworfen werden. Telemetriestudien und andere Untersuchungen zeigen, dass „Gelbkehlchen" heute auch in Waldungen und Feldgehölzen von nur etwa 35 bis 40 Hektar Größe lebt und seine Aktionsräume (*home-ranges*) mittlerweile auch in menschliche Siedlungen hineinreichen. Die Zuordnung des „Wald- oder Tannenmarders" zu den typischen Kulturflüchtern muss demzufolge ebenfalls revidiert werden. Auch scheint seine oft zitierte Seltenheit zumindest regional eher ein Erfassungsproblem zu sein. In zahlreichen Gebieten scheinen die Besätze des einstigen Rote-Liste-Kandidaten spürbar zuzulegen. Nichtsdestotrotz ist und bleibt der Steinmarder durch seine flächendeckende Präsenz, seine absoluten Populationsdichten und seine potenziellen Einflussnahmen auf diverse Niederwildarten und etliche andere Wildtiere jagdlich relevanter als alle anderen heimischen Marderarten.

▶ **Brantengröße und Sohlenbehaarung**

Die Pfoten oder Branten von Baum- und Steinmarder sind weitgehend identisch und ihre Trittsiegel besonders im Sommer häufig kaum zu unterscheiden. Die Größenunterschiede der Trittsiegel schwanken im Millimeterbereich und sind auch durch die individuellen und geschlechtsspezifischen innerartlichen Unterschiede zur Unterscheidung beider Arten anhand des Pfotenabdruckes nicht geeignet. Allein der Tatsache, dass der Baummarder mehr oder minder stark behaarte Sohlen hat, ist es zu verdanken, dass wir die Trittsiegel meist doch identifizieren und einer der beiden Arten zuordnen können.

Behaarte Brantensohle des Baummarders (l.) und unbehaarte Sohle des Steinmarders (~ natürliche Größe)

Durch die Sohlenbehaarung des Baummarders insbesondere im Winterhaar erscheinen auch frische Trittsiegel nicht klar und scharf umrissen und wirken etwas „verwaschen". Die behaarten Ballen drücken sich nicht klar ab, die Ränder des Gesamtabdruckes wirken verschwommen, und die Zwischenräume zwischen den Ballen sind meist nur angedeutet. Die Krallen des Baummarders – obwohl durchschnittlich mindestens so stark wie jene des Steimarders – erscheinen im Trittsiegel durch die gepolsterte und vergrößerte Sohlenoberfläche kürzer und oft nur in der Spitze abgedrückt. Doch ist die Sohlenbehaarung beider Arten sehr variabel, sodass es durchaus auch hier zu Verwechslungen kommen kann.

▶ **Brantenabdruck**

Der Mittel- oder Hauptballen der Vorder- und Hinterbranten setzt sich aus vier unmittelbar aneinanderliegenden Einzelteilen zusammen, die sich in der Spur aber als ein drei- oder viergelappter und scheinbar in sich geschlossener Ballen abdrücken. An der Vorderbrante ist darüberhinaus schräg versetzt hinter dem Mittelballen ein kleiner (zweigeteilter) Fersenballen sichtbar, der für das Spurbild aber keine Bedeutung hat. Dem oder besser den Mittelballen halbkreisförmig vorgelagert sitzen fünf Zehenballen. Der Ballen der jeweiligen Außenzehe setzt etwa in der Mitte des Hauptballens an, ist deutlich kleiner als die anderen Zehenballen und im Trittsiegel meist nur angedeutet, gar nicht oder nur durch die vorgelagerte und abgedrückte Kralle des Zehs sichtbar.

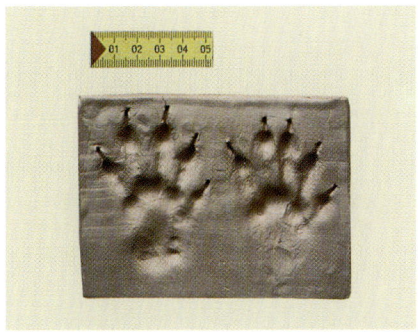

Brantenabdruck des Steinmarders: l. Vorderbrante, r. Hinterbrante

Maße Brantenabdruck und Spur

Trittsiegel Adulte (L x B)	
Baummarder	bis 4 cm x bis 3,7 cm
Steinmarder	ca. 3,5 cm x ca. 3,2 cm
Sprungweite Adulte	40 – über 100 cm

Die Trittsiegel des Baummarders sind durchschnittlich etwas stärker als die des Steinmarders. Die absoluten Maße sind zur Artansprache aus den genannten Gründen jedoch wenig geeignet. Insgesamt wirken die Pfoten und Trittsiegel beider Arten eiförmig mit zwei stumpfen Polen.

▶ **Spurbild**

Das Spurbild von Stein- und Baummarder ist ebenfalls einheitlich. Im relativ seltenen Schritt oder Gehen setzt der Marder die Hinterpfoten hinter die Abdrücke der Vorderpfoten. Es entsteht ein Bild aus vier Abdrücken, die versetzt hintereinander liegen; es folgt ein kleiner Zwischenraum, wieder vier Abdrücke und so weiter.

Spurbilder des Marders:
Paartritt (l.) und Gehen

Die weitaus häufigste und typische Fortbewegungsart von Baum- und Steinmarder ist ein wellenförmiger Sprunglauf oder der Paartritt. Die Abdrücke der Hinterbranten fassen direkt in jene der Vorderbranten, so dass der Marder zwei leicht versetzt nebeneinanderliegende Trittsiegel hinterlässt. In der Fluchtspur des Marders finden wir häufig den Dreitritt. Dabei fassen die Abdrücke von Vorder- und Hinterpfote einer Seite direkt ineinander, die der anderen Seite stehen leicht versetzt hintereinander, so dass drei Abdrücke pro Sprung hinterlassen werden. Ebenso hinterlassen beide Arten flüchtig auch die „Hasenspur".

Das sogenannte *Fortholzen*, das Klettern und Springen von Baum zu Baum, kommt weit seltener vor, als gemeinhin angenommen wird. Auch der Baummarder bewegt sich überwiegend am Boden fort und reißt oder sammelt ebendort auch das Gros seiner Beute beziehungsweise Nahrung. Beim Fortholzen finden sich im Schnee unter den Bäumen gelegentlich Holzspäne, Rindenteile, Schmutz oder Flechten, die der Marder bei seiner Fortbewegung von den Ästen abtritt. In tieferem Schnee ist die Schleifspur der Lunte zu sehen. Insgesamt ist der etwas hochläufigere Baummarder etwas gewandter, schneller und sprunggewaltiger.

▶ **Ruheplätze**

Die Ein- und Austiege des Steinmarders in Häuser oder Scheunen sind bei Schnee durch die Spur auf dem Dach leicht zu entdecken. Fehlt der Schnee sind sie mitunter anhand der Kratzspuren zu finden, die Weißkehlchen beim Klettern an Mauerwerk, Bäumen und Rohren hinterlässt. Beide Arten ruhen im Wald gern in großen, verlassenen Horsten, natürlichen Baumhöhlen und anderen natürlichen Verstecken sowie in Holzpoltern und mitunter auch in großen Nistkästen. Der Steinmarder bewohnt weiterhin fast alle Heu- und Strohböden eines Dorfes, zahlreiche Wohnhausdächer sowie Ställe, Schuppen und Lagerhallen.

Morphologische Unterscheidungsmerkmale von Baum- und Steinmarder

	Baummarder	Steinmarder
1. Körper	Hochläufig, schlank	Gedrungener, tiefer
2. Farbe	Braun, rotbraun	Graubraun
3. Grannenhaar	Weich, seidig	Starrer, stichelig
4. Kehlfleck	Gelblich, abgerundet	Weiß, gabelförmig
5. Sohlenballen	Behaart	Unbehaart
6. Nasenschwamm	Schwarz, braun	Hell, fleischfarben
7. Gehöre	Dreieckig, lang	Abgerundet, kurz
8. Nasenöffnung (Schädel)	Rund	Oval
9. Dritter Prämolar (Oberkiefer)	Außen eingebuchtet	Außen abgerundet
10. Erster Molar (Oberkiefer)	Außenseite glatt	Außenseite gekerbt

Achtung: Die ersten sieben der genannten Merkmale sind variabel und für sich allein zur einwandfreien Artbestimmung nicht geeignet.

▶ Losung und Laute

Die *Losung* beider Arten ist normalerweise einseitig spitz ausgezogen, wurstförmig und misst etwa 1,5 Zentimeter im Durchmesser. Häufig ist sie von deutlich sichtbaren Furchen durchzogen und kann der stark variierenden Nahrungszusammensetzung entsprechend Haare, Federn, Knochenreste, die Kerne der unterschiedlichsten Früchte sowie die unverdaulichen Chitinteile von Insekten und anderen Kleintieren enthalten. Die Farbe der Marderlosung kann zwischen schwarz und fast orange (Hagebutten, Vogelbeeren) schwanken und ist bei überwiegendem Fruchtanteil breiig.

Baum- und Steinmarder nehmen auch Aas beziehungsweise Luder (Fallwild). So wurden in einer russischen Studie in der Losung von Baummardern sogar Elchhaare nachgewiesen. Die in Jägerkreisen noch immer kursierende Behauptung, die Hauptbeute des Baummarders sei das Eichhörnchen, ist unzutreffend.

Als Lautäußerungen lassen die Marder ein *Keckern* (Streit) oder *Muckern* (Begrüßung, Freude, Stimmfühlung) hören. Hinzu kommt das *Zischen* bei Verunsicherung und der *Ranzruf* der Fähen. Besonders durchdringend und laut ist ein *Drohschrei*, der bei unmittelbarer Gefahr oder Bedrohung abgegeben wird.

Der Iltis

Der Iltis (*Mustela putorius* L.) gehört als „Ratz" oder „Stänker" fraglos zu den Underdogs oder Unterprivilegierten in der Liste der jagdbaren Tierarten. Als „arger Niederwild-Schädling" wurde er noch im 20. Jahrhundert ohne Schonzeit verfolgt, und auch Wildbiologen und Jagdwissenschaftler nahmen von dem Erdmarder zunächst kaum Notiz.

Heute wissen wir zwar, dass sich Iltisse deutlich weniger von Niederwild als vielmehr von Kleinvögeln, Kleinsäugern bis etwa Rattengröße sowie von Amphibien und zu beachtlichen Prozentsätzen von Insekten und anderen Wirbellosen ernähren; über seine Besatzhöhen und Populationsdynamik wissen wir jedoch so gut wie nichts. Gleiches gilt zum Beispiel auch für das Große Wiesel, das Mauswiesel und den Mink. Bei allen bekannten methodischen Problemen sollten wir diese Arten in der Palette wildbiologischer Forschung deshalb nicht vernachlässigen.

▶ Brantenabdruck und Spurbild

Die Pfote oder Brante des Iltis ist eine typische „Marderpfote" (vgl. Baum- und Steinmarder). Der Hauptballen besteht aus vier zusammenstehenden Einzelteilen, und ist annähernd halbkreisförmig. Diesem ebenfalls halbkreisförmig vorgelagert stehen vier Zehenballen; der Ballen der kleineren Außenzehe befindet sich etwa in der Mitte neben dem Hauptballen an der jeweiligen Brantenseite und ist deutlich kleiner.

Alle fünf Zehen beziehungsweise Finger sind mit relativ langen Krallen ausgestattet, die sich mit Ausnahme der Kralle der Außenzehe auf weichem Boden oder Schnee im Trittsiegel deutlich abdrücken. An den Branten der Vorderläufe steht am Ende der Sohle ein Fersenballen. Auch beim Iltis sind die Vorderbranten etwas größer als die Hinterbranten.

Die Gangarten des Iltis entsprechen weitestgehend denen von Baum- und Steinmarder. Wir finden in erster Linie den Paartritt (die Hinterpfoten treten im Sprung in die Abdrücke der

Die Brantenabdrücke des Iltis: l. Vorderbrante, r. Hinterbrante

Vorderpfoten), in dieser Spur gelegentlich den Dreitritt sowie zwei unterschiedliche Fluchtspuren. In leichter Flucht drücken sich die Trittsiegel der Hinterbranten hintereinander, aber vor denen der Vorderbranten ab, die ihrerseits ebenfalls hintereinander stehen. Es entsteht ein Spurbild aus vier (zwei+zwei) seitlich versetzt hintereinader abgedrückten Trittsiegeln. In hoher Flucht zeigt auch der Iltis die „Hasenspur".

▶ **Sonstige Zeichen**

Die wurstförmige *Losung* des Iltis ist meist schwarz, deutlich um die eigene Längsachse gedreht und am Ende ausgezogen (vgl. Fuchs). Je nach Fraßzusammensetzung kann sie aber auch breiig sein. Iltisse legen in ihrem Aktionsraum (meist in Baunähe) *Latrinenplätze* an, auf denen regelmäßig die *Losung* abgegeben wird.

Die oft gehörte Behauptung, Iltisse könnten nicht klettern, ist unzutreffend. Ein von mir im Zoologischen Institut der Uni Braunschweig zu Beobachtungszwecken gehaltener Iltis bewies im Rahmen seiner Fluchtversuche mehrfach und eindrucksvoll das Gegenteil. Ebenso unzutreffend sind zwei in der Jagdliteratur bis heute immer wieder zitierte Aussagen zum Nahrungserwerb beziehungsweise zur Verdauung des Iltis. Die in herbst- und winterlichen Vorratslagern vom Iltis zusammengetragenen Amphibien werden nicht durch einen Rückenbiss gezielt gelähmt, sondern bleiben durch ihre stoffwechselbedingte Kältestarre am Platz. Die in Gewässernähe zu finden-den gallertigen „Sternschnuppen" bestehen nicht aus vom Iltis hervorgewürgtem Amphibienlaich, sondern sind einer Algenfamilie zuzuordnen.

Als Lautäußerungen geben Iltisse ein *Keckern* (Wohlbefinden, Stimmfühlung), ein *Zischen* und einen wahrhaft ohrenbetäubenden *Schrecklaut* (Abwehr) von sich, den ich bei oben erwähntem Gatter-Iltis häufig „verarbeiten" musste.

Iltis-Spurbilder: ruhige Gangart (l.) und flüchtig

Der Mink

Der Mink oder Amerikanische Nerz (*Mustela vison* L.) ist ursprünglich in Nordamerika von Alaska bis Florida heimisch. In den 20er Jahren des vergangenen Jahrhunderts wurde der Mink zur Pelzgewinnung als Farmtier nach Europa gebracht. Seither gelangten immer wieder Farmtiere in die freie Wildbahn, was vielerorts zur Gründung von Freilandpopulationen führte. Einzelnachweise des Minks liegen mittlerweile für ganz Deutschland vor, die aktuellen Verbreitungsschwerpunkte bestehen in Mecklenburg-Vorpommern, Brandenburg und Schleswig-Holstein. Die ohnehin expansive Arealerweiterung des Minks mit einem nachhaltigen weiteren Anstieg der Populationsdichten wird durch zahlreiche „Tierbefreiungen" in jüngster Zeit unterstützt. Die Auswirkungen dieser „Befreiungen" auf das lokale Artengefüge (Amphibien, Bodenbrüter etc.) können bedeutend sein. Experten gehen von einer langfristigen Besiedlung aller in Europa vorhandenen und für den weitestgehend wassergebunden lebenden Mink geeigneten Lebensräume aus, was erneut unterstreicht, dass die Relevanz des Minks für den Artenschutz und die Jagd in Deutschland und Europa weiter wächst.

▶ Der europäische Verwandte

Die Ursachen für das fast vollständige Aussterben des ursprünglich heimischen Europäischen Nerzes (*Mustela lutreola* L.) sind weitgehend unbekannt. Restvorkommen leben heute noch in Russland, Finnland, Frankreich und Spanien. Seit Jahren beschäftigen sich Wildbiologen der Uni Osnabrück mit den Rückgangsursachen sowie den Möglichkeiten ei-

**Die Brantenabdrücke des Mink:
l. Hinterlauf, r. Vorderlauf**

ner Wiedereinbürgerung. Die weitere progressive Ausbreitung des Minks ist weder etwaigen Wiedereinbürgerungsversuchen des Europäischen Nerzes, noch den regional unterschiedlich vorgeschädigten Lebensgemeinschaften – insbesondere im Bereich der Bodenbrüter – förderlich.

▸ **Revierzeichen und Vorkommen**

Die Pfoten und Spuren des Minks entsprechen weitestgehend denen des Iltis (s. S. 68f). Die nur schwach ausgeprägten *Schwimmhäute* zwischen den Zehen des Minks drücken sich im Trittsiegel kaum, meistens gar nicht ab. Die Spuren in Form und Größe zu unterscheiden ist daher praktisch unmöglich, was die Bestätigung des Minks angesichts der häufig sehr ähnlichen Lebensraumnutzung beider Arten sehr erschwert. Gleiches gilt für die *Losung*, wobei die Losung des Minks relativ häufig Fischreste (Schuppen, Gräten) enthält, was beim Iltis nur sehr selten der Fall ist.

Bevorzugte Lebensräume des Minks sind möglichst deckungsreiche Gewässer, wie mäandrierende, unterspülte Ufer, schilf- und fischreiche Seen und Flüsse sowie Au- und Bruchwälder. Als Verstecke und Wurfbaue nutzt der Mink selbstgegrabene mehrröhrige *Baue*, *Bisamburgen* und *-baue* sowie *Baumhöhlen* und andere natürliche Verstecke. Für eine hohe Anpassungsfähigkeit des Minks spricht die Tatsache, dass er zunehmend häufiger auch in Scheunen, Gartenhäusern sowie in Boots-, Fischerei- und Jagdhütten beobachtet und gefangen wird.

Wie der Iltis legt auch der Mink zeitweise Nahrungsdepots an. Die Hauptbeute des Minks in Nordamerika ist der Bisam, in Europa zeigt das Nahrungsspektrum jahreszeitlich und örtlich starke Unterschiede. In den bisher vorliegenden Nahrungsanalysen fällt stets ein hoher Anteil Fisch – in einer schwedischen Untersuchung über 60 Prozent – auf.

Hermelin und Mauswiesel

Großes Wiesel oder Hermelin

Betrachtet man die Geschichte der Beziehung des Menschen zu den Raubwildarten Europas, fällt auf, dass dem Hermelin oder Großen Wiesel (*Mustela erminea* L.) und dem Mauswiesel (*Mustela nivalis* L.) eine ganz besondere Rolle zufällt. Während sich Jäger und Bauern bei den anderen Arten stets einig waren, sie als vermeintliche Nahrungskonkurrenten, Jagd- und Nutztierschädlinge oder gar als direkte Bedrohung zu reduzieren,

Mauswiesel

möglichst auszurotten, gehörten „die Wiesel" als Mäusevertilger lange Zeit zu den Lieblingstieren der Bauern. Erst später, als zur Mäusebekämpfung längst andere Mittel eingesetzt wurden und die jagdliche Hege – insbesondere die Aufstockung der Niederwildbesätze – an Bedeutung gewann, wurde auch das Hermelin bedingungslos verfolgt.

▶ **Beutespektrum**

Bis heute haben wildbiologische Untersuchungen unwiderlegbar gezeigt, dass sich das Beutespektrum des Großen Wiesels tatsächlich ganz überwiegend aus Mäusen und anderen Kleinsäugern zusammensetzt. Dass das Hermelin gelegentlich auch Jungtiere diverser Niederwildarten sowie andere Bodenbrüter nimmt, steht außer Frage. Dennoch werden Mäuse allein aufgrund seiner körperlichen Voraussetzungen und Anpassungen den Speiseplan des kleinen Räubers stets dominieren.

Betrachtet man unsere Defizite im Wissen über die Besatzhöhen und die Populationsdynamik des Hermelins und die Intensität der Fallenjagd in Deutschland und Mitteleuropa, bleibt festzustellen, dass die aktuelle Form der Bejagung offenbar weder dem Niederwild großflächig nutzt, noch dem Großen Wiesel schadet. An dieser Stelle sei angefügt, dass in meinem Heimatrevier Querum im Nordosten Braunschweigs bis heute ohne Vorbehalte nutzbare Niederwildbesätze (mit Ausnahme des Rebhuhns) vorhanden sind, ohne dass dort dem Großen Wiesel jemals gezielt nachgestellt worden wäre.

▶ **Brantenabdruck und Spurbild des Großen Wiesels**

Die Pfoten des Großen Wiesels entsprechen in Form und Aufbau in etwa jenen des Iltis, sind dabei aber inklusive der Krallen deutlich kleiner beziehungsweise kürzer und bis auf die Ballenspitzen dicht behaart. Der Hauptballen setzt sich aus vier Einzelballen zusammen, in deren Mitte an der Seite der Pfote die jeweilige Außenzehe ansetzt. Die vier größeren

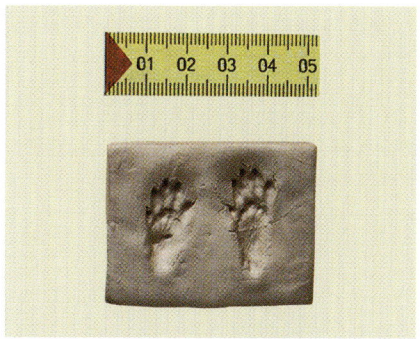

Die Brantenabdrücke des Großen Wiesels: l. Vorderbrante, r. Hinterbrante

Zehenballen sind dem Hauptballen halbkreisförmig vorgelagert, wobei die Innenzehe zurückgesetzt ist. Die Vorderbranten zeigen einen Fersenballen.

Auch die Spurbilder entsprechen denen der zuvor behandelten Marderarten, sind aber – wie erwähnt – deutlich schwächer. Zu unterscheiden sind der Paartritt (normale Gangart, Sprungspur), der Dreitritt und in der Flucht eine Spur, in der die Abdrücke der Hinterbranten paarweise vor jenen der Vorderläufe stehen, und die „Hasenspur". Durch das geringe Gewicht des Hermelins findet man seine Spuren nur im Schnee, in sehr weichen Böden, zum Beispiel in Uferzonen oder im lockeren Sand.

▶ **Die Unterscheidung von Hermelin und Mauswiesel**

Das Große Wiesel und das Mauswiesel sind so genannte „gute Arten", beide kreuzen sich also weder in freier Wildbahn noch in Gefangenschaft. Obwohl das Mauswiesel durchschnittlich kleiner ist, kann es größenmäßig zwischen starken Rüden des Mauswiesels und schwächeren Hermelinfähen zu Überschneidungen kommen. Beide Arten unterscheiden sich aber immer und unzweifelhaft durch die stets schwarze Luntenspitze des Hermelins und den Wangenfleck des Mauswiesels voneinander. Die Lunte des Mauswiesels ist auch in Relation zum Körper kürzer. In den Alpen, in Skandinavien, in Teilen Osteuropas sowie in Nordasien trägt auch das Mauswiesel einen weißen Winterbalg. In den Flachlandrevieren Mitteleuropas bleibt es auch im Winter mittelbraun mit hellerer Unterseite.

Die häufigsten Spurbilder des Großen Wiesels

Hasenartige und Nagetiere

74	Der Feldhase
77	Das Wildkaninchen
78	Der Biber
79	Der Nutria
80	Der Bisam
82	Das Eichhörnchen
84	Die Wanderratte

Der Feldhase

Der Feldhase (*Lepus europaeus* PALLAS) ist bis heute – trotz gebietsweise rückläufiger oder stagnierender Besätze – der Klassiker unter sämtlichen Niederwildarten. Die vielfach zu hörende Aussage, „der Feldhase sei in seinem Bestand bedroht", ist schlichtweg unzutreffend, obwohl dies auch durch die bundesweite „Rote Liste" suggeriert wird. Fakt ist aber, dass der Feldhase in Mitteleuropa durch Waldrodung und die zunächst folgende extensive Landwirtschaft (kleinparzelliert, Dreifelderwirtschaft), gekoppelt mit einer schadnagerähnlichen Verfolgung von Beutegreifern auch in Deutschland, einst Lebensraumbedingungen vorfand, die zu „unnatürlich" und zuvor unbekannt hohen Hasendichten führten.

▶ **Das Auf und Ab des Steppenbewohners**

Bis dahin war der Hase zunächst ursprünglicher Bewohner der voreiszeitlichen offenen und halboffenen Steppen, ging in seiner Verbreitung während der Vereisung aber deutlich zurück. Von seinen Rückzugsgebieten im Südosten Europas vordringend, konnte er dann wieder die postglazialen Steppen besiedeln. Dies liegt etwa 4000 Jahre zurück. Mit der nacheiszeitlich natürlichen Sukzession der Vegetation – dem Übergang der Steppen in Wald – war ein erneuter und deutlicher Rückgang des Feldhasen verbunden. Deutschland und Mitteleuropa war ganz überwiegend von geschlossenen Waldbeständen bedeckt.

Die Verbreitung des Hasen und seine relative Häufigkeit wurden durch den Menschen also direkt gefördert. Dass die Zahl der Hasen durch die Intensivierung und Umstrukturierung der Landwirtschaft und die steigende Zahl von Beutegreifern aktuell und regional unterschiedlich rückläufig ist oder war, steht fest. Trotzdem kommt Mümmelmann vielerorts in Deutschland noch immer in Wilddichten (Individuen pro Flächeneinheit) vor, die weit über denen liegen, wie sie heute in seinen ursprünglichen Lebensräumen, zum Beispiel in den Steppen Russlands, beobachtet werden.

Man argumentiert hier also „unter Vorspiegelung ökologisch falscher Tatsachen", wenn man die heutigen Hasenbesätze ausschließlich an der Zeit kleinbäuerlicher Landwirtschaft misst. Der Hase ist in Deutschland demzufolge sicher nicht „in seinem Bestand bedroht". Dies belegen auch die – trotz zurückhaltender Bejagung – erzielten Jagdstrecken sowie die Zählungen und Aufnahmen in den jeweiligen Wilderfassungsprogrammen der Länder.

▶ **Pfote und Spur**

Bei keiner anderen heimischen Wildart (mit Ausnahme des Wildkaninchens) unterscheiden sich die Extremitäten sowie die Vorder- und Hinterpfoten in ihrer Länge so extrem voneinander wie beim Feldhasen. Die Hinterfüße adulter Hasen sind mehr als dreimal so lang wie die Vorderpfoten.

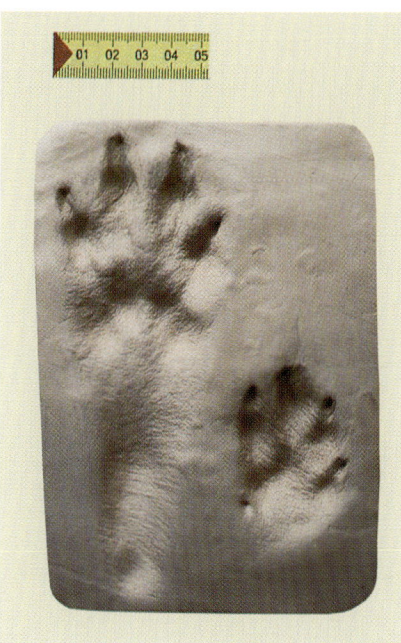

Pfotenabdrücke des Feldhasen

An der fast rund wirkenden Vorderpfote befinden sich fünf Zehen, wobei die Innenzehe (der „Daumen") stark reduziert ist und ihr Abdruck meist unsichtbar bleibt. An der Hinterpfote sitzen vier Zehen. Alle Zehen oder Finger sind mit kräftigen Krallen versehen, die sich auf hartem Untergrund oft nur allein als „kleine Ein-

Maße Pfoten und Pfotenabdrücke

Pfotenlänge Adulte (L)	
Vorderpfoten	ca. 4,5 cm
Hinterfuß	13–15 cm
Trittsiegel Adulte (L)	4–6 cm

Spurbilder des rückenden (l.) und hoppelnden Hasen

unverwechselbare „Hasenspur". Weil der Hase in der Fortbewegung nicht die ganze Sohle der Hinterpfoten, sondern nur den vorderen Teil oder die Zehenspitzen (hochflüchtig) aufsetzt, sind die Trittsiegel deutlich kürzer als die Pfoten.

▸ **Sonstige Zeichen**

Die *Losung* des Hasen besteht aus etwa 15 Millimeter großen, runden, trockenen und oft etwas strohig wirkenden Kugeln (s. S. 113). Sie werden einzeln oder nebeneinander in geringer Zahl abgesetzt. Der Hase ruht in der *Sasse*, einer Liegemulde, die sich zum Beispiel in dichter Deckung, an Wurzelanläufen oder auf blankem Sturzacker befinden kann. Hasen wälzen sich zur Körperpflege gern in Staub oder Sand. Diese „Badewannen" allein sind von jenen anderer Wildarten nicht zu unterscheiden, im Normalfall aber durch die nebenstehende Hasenspur gekennzeichnet.

Im Schnee und auch sonst nutzt der Feldhase zu bevorzugten Äsungsplätzen oft sogenannte *Pässe*. Doch hält sich der Hase längst nicht so strikt an diese Pässe, wie oft behauptet wird. Jäger, die von ein und demselben Hochsitz aus regelmäßig Hasen beobachten, wissen um diesen Umstand. Die oft beschriebenen „ausgebissenen und freigenagten" Hasenpässe im Getreide oder anderem höherem Bewuchs werden in Wirklichkeit nicht sorgfältig gepflegt und freigehalten, sondern von mehreren Hasen oder darüber hinaus auch von anderen Wildarten genutzt und ausgetreten.

griffe" abdrücken. Beim Feldhasen stehen nur im Sitzen die Hinterpfoten auch hinter den Vorderpfoten. Hoppelnd oder in der Flucht – alle Hasenartigen sind typische Fluchttiere – stehen die Trittsiegel der Hinterpfoten vor denen der Vorderpfoten und hinterlassen die bekannte und

Das Wildkaninchen

Nacheiszeitlich ursprünglich in Nordafrika und Spanien beheimatet, wurde das Wildkaninchen (*Oryctolagus cuniculus* L.) schon im 13. Jahrhundert erstmals in Deutschland ausgesetzt. Neben Feld- und Schneehasen ist es die dritte heimische Art aus der Familie der Hasentiere.

Abgesehen von seiner bedeutend geringeren Größe, seiner Fellzeichnung, den dunklen Augen (Sehern) und anderen Körpermerkmalen unterscheidet es sich auch in seinem Verhalten deutlich vom Feldhasen, mit dem es in der Regel den Lebensraum teilt.

▶ **Spurbild und andere Zeichen**

Die Spurbilder des Kaninchens entsprechen denen eines geringen oder jungen Hasen (vgl. Feldhase). Anders als der Feldhase lebt das Wildkaninchen sozial organisiert in *Familien* oder *Kolonien* und tut allein durch seine selbstgegrabenen Bauanlagen (*Wohn-* und *Satzbaue*) und häufige Direktbeobachtungen seine Anwesenheit kund. Für die Anlage der Baue sind unter unseren Klimaverhältnissen weitgehend warme, trockene, aber trotzdem bindige Böden notwendig. Schwere, staunasse und kalte oder steinige Böden werden gemieden. Trockene Böschungen, Dickungsränder, Knicks sowie sonnige Ödland- und Ruderalflächen sind typische Baustandorte. Auch andere geeignete Deckungsstrukturen wie Paletten (Campingplätze!) oder Holz- (Schnittgut) und Bretterhaufen werden als Behausung genutzt. Weiterhin gräbt und scharrt das Kaninchen bei der Äsungssuche im Boden flache *Mulden* aus (Kratzstellen).

Mit 10 Millimeter Durchmesser oder weniger ist die leicht ovale *Losung* bedeutend kleiner als die des (adulten) Feldhasen. Sie wird stets in größerer Menge auf dem Boden oder erhöhten Strukturen abgegeben. Auf den an Territoriumsgrenzen und bevorzugten *Pässen* zur Markierung angelegten großen *Losungsplätzen* (Latrinen) finden sich mitunter einige hundert Losungspillen.

Durch Veränderungen in der landwirtschaftlichen Struktur, vor allem aber durch Krankheiten sind in der Vergangenheit zahlreiche Kaninchenvorkommen in Deutschland leider völlig zusammengebrochen. Im Mittelpunkt des Krankheitsgeschehens stehen die anhaltenden Seuchenzüge der RHD (*Rabbit Haemorrhagic Disease*) oder „Chinaseuche", deren Verlustraten jene der *Myxomatose* – wie die RHD eine Viruskrankheit – noch übertreffen.

Der Biber

Mit Körperlängen bis zu einem Meter und darüber und einem Gewicht von 20 bis 30 Kilogramm ist der Biber (*Castor fiber* L.) das größte Nagetier Europas. In Deutschland und Mitteleuropa einst fast ausgerottet, haben sich die Biberbestände bis heute durch Aussetzungen und natürliche Wiederausbreitung erfreulich gut erholt.

▶ **Pfoten und Spur**

Die Läufe des Bibers sind kurz. Seine Vorderpfoten sind klein, dienen in erster Linie zum Greifen und tragen im Gegensatz zu den bis 20 Zentimeter langen Hinterpfoten keine *Schwimmhäute*. Obwohl Vorder- und Hinterpfoten fünf Zehen haben, findet man in den Trittsiegeln der Vorderpfoten meistens nur vier Zehenabdrücke.

Der jeweilige Daumen ist sehr klein und in der Spur nur selten zu sehen. Im Trittsiegel der Vorderpfoten sind die starken Krallen fast immer abgedrückt, in dem der Hinterpfoten nicht oder nur schwach, dafür erkennt man auf weichem Boden aber andeutungsweise die Umrisse der Schwimmhaut. Im Gehen drücken sich die Hinterpfoten etwas hinter und neben den Vorderpfoten ab oder greifen in sie hinein.

In der Mitte der Biberspur ist meistens die Schleifspur der bis zu 30 Zentimeter langen und horizontal

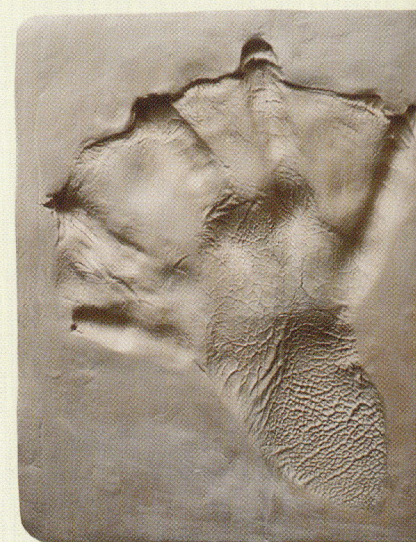

Trittsiegel des Bibers, Hinterpfote

breit abgeflachten *Biberkelle* deutlich zu sehen, die mitunter einzelne Trittsiegel verwischen kann.

▶ **Sonstige Zeichen**

Weit eher als durch seine Spur wird man auf den Biber aber wohl durch seine sehr auffällige Nagetätigkeit und die sanduhrförmigen Bruchstellen der von ihm geschnittenen Bäume aufmerksam; vor allem aber auch durch seine großen *Wohnburgen* und *Staudämme*.

Die Dammanlagen dienen der Regulierung des Wasserstandes: Zum

Nicht zu übersehen: Die imposante Biberburg

einen werden mit ihrer Hilfe die Eingänge der Biberbaue unter Wasser gehalten, zum anderen sorgen sie dafür, dass der Biber geschnittenes Holz gut flößen kann.

Der Nutria

Ursprünglich in den gemäßigten Zonen Südamerikas beheimatet, gelangten in den 20er Jahren des zurückliegenden Jahrhunderts die ersten Nutria (*Myocastor coypus* L.) aus Zuchten und Farmen zur Pelzgewinnung nach Deutschland. Seither wurden durch entkommene und ausgesetzte Nutria zahlreiche Freilandpopulationen begründet, die bis heute zu einem weiten und noch immer wachsenden Verbreitungsgebiet des Nutria an zahlreichen Gewässersystemen Deutschlands führten.

Der Nutria ist mit einer Länge von 45 bis 65 Zentimetern (Schwanzlänge 30 bis 45 Zentimeter) und Körpergewichten zwischen vier und acht Kilogramm wesentlich kleiner als der Biber, aber ebenso deutlich größer als der Bisam.

Pfotenabdrücke des Nutria: l. Hinterpfote, r. Vorderpfote

▸ **Erkennungszeichen im Revier**

Vorder- und Hinterpfoten haben wie die des Bibers fünf Zehen, wobei an der Vorderpfote des Nutria auch die Innenzehe im Trittsiegel deutlich abgedrückt wird. Ebenfalls im Gegensatz zum Biber sind an der Hinterpfote nur vier Zehen durch eine Schwimmhaut miteinander verbunden. Die fünfte Zehe steht etwas abgespreizt frei, was auch im Trittsiegel deutlich zu erkennen ist. In der Spur greifen die Hinterpfoten meistens in das Ende des Trittsiegels der Vorderpfoten, sodass ein Bild leicht geschränkter und hintereinander stehender Doppeltritte entsteht. Die Schleifspur des langen, runden Schwanzes zieht sich linienförmig durch die Mitte der Spur.

Die Baueingänge des Nutria liegen gewöhlich über dem Wasserspiegel. Darüber hinaus bewohnen Nutrias selbstgebaute *Schilfburgen* und erweiterte *Bisambaue*.

Der Bisam

Die ursprüngliche Heimat des Bisams (*Ondatra zibethicus* L.) ist Nordamerika. In Europa wurde er im Jahre 1905 bei Prag erstmalig ausgesetzt. Viele weitere Einbürgerungen zum Zwecke der Pelzgewinnung folgten. Heute ist die „Bisamratte" längst auch in Deutschland an Gewässern fast aller Kategorien anzutreffen. Eine komplette Tilgung des ob seiner Grabtätigkeit und möglicher wasserwirtschaftlicher und verkehrstechnischer Folgeschäden gefürchteten Nagers durch jagdliche Mittel scheint trotz sogar amtlich bestellter Bisamfänger ausgeschlossen.

▶ **Pfoten und Spur**

Vorder- und Hinterpfoten tragen jeweils fünf Zehen. Mit Ausnahme der stark reduzierten Innenzehen der Vorderfüße, die sich auch im Trittsiegel nicht abdrücken, verfügen sie über relativ lange (Grab-)Krallen. Die Zehen, besonders die der großen Hinterfüße, sind mit dichten Säumen von *Schwimmborsten* ausgestattet, die das Trittsiegel vergrößern. An Land wirkt der Bisam schwerfällig und unbeholfen. In der Spur tritt die Hinterpfote etwas hinter oder in den hinteren Teil des Trittsiegels der Vorderpfote.

Maße Pfoten	
Pfotenlänge Adulte (L x B)	
Vorderpfoten	3,5 cm x 2,5–3 cm
Hinterpfoten	7 x 4,5 cm

Auf weichem Untergrund ist in der Mitte des Spurbildes die *Schleifspur* des vertikal abgeflachten, etwa 20 bis 25 Zentimeter langen *Ruderschwanzes* zu sehen. Häufig findet man große Ansammlungen (*Pfade*) von Bisamspuren auf weichen Uferbänken.

▶ **Sonstige Zeichen**

Im Wasser schwimmende Pflanzenteile mit abgebissenen Enden sind deutliche Hinweise auf die Anwesenheit des Bisam. So genannte *Schwimmwechsel* in Algen und Schwimmpflanzen können dagegen auch von Wasservögeln stammen. Der Bisam gräbt *Erdbaue* mit mehreren, meist unterschiedlich hoch liegenden Einfahrten in Uferböschungen und Deichen. Darüber hinaus legt er in Flachwasser- und Uferzonen weithin sichtbare *Burgen* oder *Nester* aus aufgeschüttetem Schilf- und anderem Pflanzenmaterial an. Die Eingänge liegen fast immer unter dem Wasserspiegel.

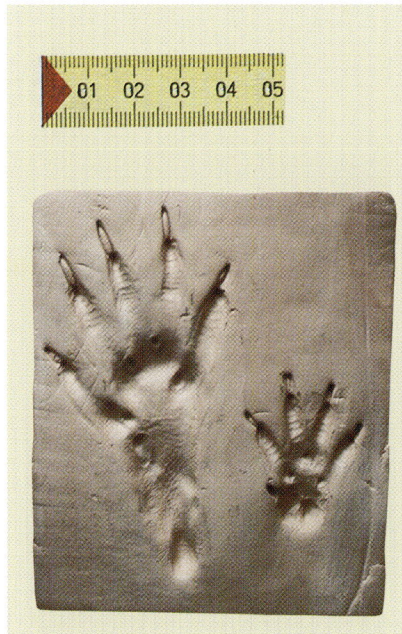

Pfotenabdruck des Bisam

Untrügliche Kennzeichen des Bisam sind seine Burgen in Flachwasserzonen

Das Eichhörnchen

Einst als „Nesträuber" bejagt und verfolgt, genießt das zu den Nagetieren zählende und mancherorts selten gewordene Eichhörnchen (*Sciurus vulgaris* L.) heute den besonderen Schutz durch das Bundesnaturschutzgesetz.

Obwohl es nicht zum Wild (§ 2 BJG) zählt und auch sonst keinerlei jagdliche Relevanz hat, soll es hier behandelt werden, da seine Spur in Häusernähe, in Gärten, Parks und Wäldern speziell im Schnee noch immer relativ häufig zu finden ist und eventuell zu Täuschungen führen kann. Allerdings ist die Spur des in drei Farbvarianten (rot, braun, schwarz) vorkommenden Eichhörnchens – einmal bestimmt und registriert – schon an der Form der Trittstellung praktisch mit keiner anderen Spur heimischer Wildtiere zu verwechseln.

▶ **Pfoten und Spur**

Die Vorderpfoten des Eichhörnchens verfügen über vier lange Zehen mit Krallen, die meist gespreizt aufgesetzt werden und im Spurbild deutlich zu erkennen sind. Die Hinterpfoten haben fünf Zehen. Auch ihre Zehen und Krallen sind gut im Trittsiegel zu erkennen.

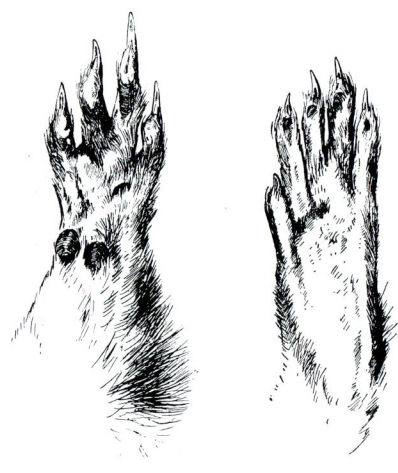

Pfotensohle Vorderlauf (l.) und Hinterlauf des Eichhörnchens

Maße Pfoten	
Pfotenlänge Adulte (L x B)	
Vorderpfoten	2,5–4 cm x 2 cm
Hinterpfoten	5 x bis 3,5 cm
Sprungweite Adulte	30–90 cm

Spurbild des Eichhörnchens

Die normale Gangart des Eichhörnchens ist der Sprung. Dabei werden die kleineren Vorderpfoten direkt und kaum versetzt nebeneinander aufgesetzt. Die größeren Hinterpfoten greifen jeweils nach außen versetzt vor die Trittsiegel der Vorderpfoten. Ihre Spitzen sind normalerweise etwas nach außen gerichtet.

Die Spurbilder, die eventuell mit denen des Eichhörnchens verwechselt werden können, stammen vom Kaninchen, Feldhasen oder Iltis. Alle drei Arten zeigen jedoch aufgrund des Aufbaus und der Größe ihrer Pfoten beziehungsweise Branten Trittsiegel und Spurbilder, die einerseits bedeutend(!) stärker sind und andererseits schon durch die meist weit gespreizten und langen Zehen des Eichhörnchens mit der Spur desselben praktisch gar nicht zu verwechseln sind.

▶ **Sonstige Zeichen**

Die als Schlaf- oder Aufzuchtstätte dienenden *Kobel* der Eichhörnchen werden oft dicht am Stamm der auserwählten Bäume erstellt und bestehen aus einem Geflecht von Zweigen, Gräsern und anderem Pflanzenmaterial. Die Durchmesser der Kobel betragen etwa 30 bis 40 Zentimeter und

sind damit deutlich kleiner als die Horste der Elster.

Die Fraßplätze der Eichhörnchen sind überwiegend durch locker und zahlreich umherliegende (geknackte) Nussschalen und/oder abgenagte Fichten- oder andere Koniferenzapfen gekennzeichnet.

Die Wanderratte

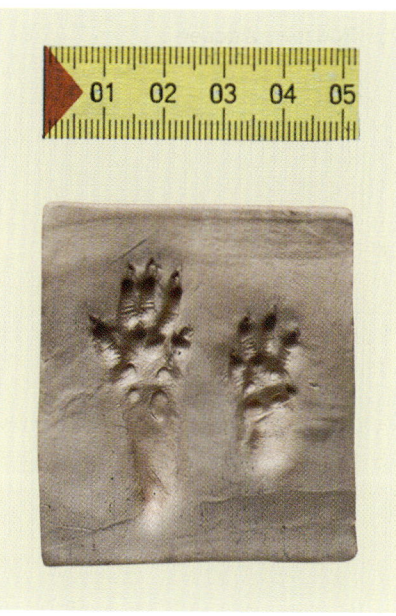

Ursprünglich in Zentralasien beheimatet, ist die Wanderratte (*Rattus norvegicus* BERKENH.) als Kulturfolger heute fast weltweit in riesigen Populationen verbreitet. Sie zählt zur Familie der Echten Mäuse, ist extrem anpassungsfähig und wird allgemein als „Schädling" an Nahrungs- und Futtervorräten, sowie durch ihre Nageschäden und als Krankheitsüberträger gefürchtet. Der Schaden durch die Wanderratte in Niederwildrevieren (Gelege!) lässt sich insgesamt schwer quantifizieren, ist lokal jedoch bedeutend. Auch in den Kolonien bodenbrütender Seevögel kann die Wanderratte verheerende Schäden anrichten. Sie sollte deshalb wann und wo immer möglich gefangen oder anderweitig erlegt werden.

Pfotenabdrücke der Wanderratte:
l. Hinterpfote, r. Vorderpfote

▸ **Pfoten und Spur**

Die Hinterfüße der Wanderratte sind mit fünf langen Zehen etwa dreieinhalb bis vier Zentimeter lang. Die Vorderpfoten messen in der Länge nur etwa zwei Zentimeter und besitzen nur vier Zehen.

In der Spur stehen die Trittsiegel der Hinterpfoten seitlich oder direkt hinter denen der Vorderpfoten. Die Spurbilder der sehr leichten Wanderratte sind nur in Schnee, Staub, Sand oder nassen Böden zu finden. Zumindest in etwas höherem Schnee steht in der Spurmitte die Schleifspur des etwa 13 bis 20 Zentimeter langen und runden Schwanzes.

Maße Pfoten

Pfotenlänge Adulte	
Vorderpfoten	ca. 2 cm
Hinterpfoten	3,5–4 cm

▶ **Sonstige Zeichen**

Die im Durchmesser etwa fünf Zentimeter großen Baueinfahrten der Wanderratte finden sich im Niederwildrevier häufig unter oder in der Nähe von Fasanenschütten oder anderen Fütterungen sowie in Gewässernähe. Die Nester der Wanderratte finden sich weiterhin zum Beispiel in Ställen, unter Holzhaufen, auf Dach- oder in Zwischenböden sowie in Vorrats- oder Futterkammern.

Ihre zylinderförmige Losung, bis zwei Zentimeter lang und etwa fünf bis sieben Millimeter breit, sieht ihrer zoologischen Verwandtschaft entsprechend aus wie große „Mäuseköttel". Sie wird normalerweise gehäuft auf bestimmten Latrinenplätzen abgesetzt, ist aber auch vereinzelt zu finden.

Die ursprünglich heimische Hausratte (*Rattus rattus* L.) wurde durch die konkurrenzstärkere Wanderratte fast flächendeckend verdrängt und gilt auch in Deutschland vielerorts als ausgestorben, verschollen oder vom Aussterben bedroht.

Kleine Tiere in großer Zahl

Wie am Anfang dieses Kapitels erwähnt, gehört die Wanderratte zur Familie der Echten Mäuse, die wiederum den sogenannten Kleinsäugern zuzuordnen sind.

Der Begriff Kleinsäuger ist kein zoologisches Taxon, sondern fasst die Familien beziehungsweise Unterfamilien der Echten Mäuse (*Muridae*, 7 Arten), der Springmäuse (*Zapodidae*, eine Art), der Wühlmäuse (*Microtidae*, 7 Arten), der Bilche oder Schläfer (*Gliridae*, 4 Arten) sowie die Ordnung der Insektenfresser (*Insectivora*) zusammen, zu denen unter anderem die Spitzmäuse (*Soricidae*) mit sieben Arten zählen.

Insgesamt fallen also mindestens 26 heimische Spezies darunter, deren Artbestimmung selbst anhand ihres kompletten Körpers zumindest innerhalb der einzelnen Familien auch erfahrenen Waldläufern mitunter schwerfällt, und deren Spuren meistens auch von Spezialisten nicht zu unterscheiden sind. Zu groß sind die Ähnlichkeiten, zu klein die Unterschiede, die ihre meist winzigen Trittsiegel kennzeichnen. Zudem ist ihr Körpergewicht so gering, dass wir ihre Spur meist nur im Staub oder auf niedrigen Neuschneelagen finden. Steigt die Schneedecke, bewegen sie sich darunter oder halten wie im Falle der Bilche Winterschlaf. Vor diesem Hintergrund wird auf die Besprechung weiterer Kleinsäuger an dieser Stelle verzichtet.

Hühnervögel

86	Das Rebhuhn
89	Der Fasan
91	Die Wachtel
92	Das Auerwild
93	Das Birkwild

Das Rebhuhn

Gemeinsam mit dem Feldhasen und dem Fasan zählt das Rebhuhn (*Perdix perdix* L.) zu den traditionell bejagten und gewissermaßen „klassischen" Niederwildarten der Feldreviere Deutschlands und Mitteleuropas. Die Verbreitungsgeschichte des Rebhuhns ist jener des Feldhasen vergleichbar. Erst der nach den umfassenden Waldrodungen (land-)wirtschaftende Mensch ebnete dem Rebhuhn als ursprünglichem Steppenvogel den Weg zu einer weiten Verbreitung und zu schier unglaublich hohen Populations- und Brutpaardichten.

▶ **Besatzentwicklung**

Die ehedem reich strukturierten und kleinparzellierten Feldfluren boten dem „Feldhuhn" optimale Lebensräume und Äsung. Der seit etwa 25 Jahren zu beobachtende, örtlich dramatische Rückgang, eingeleitet durch den Katastrophenwinter 1978/79, ist nur teilweise auch auf ungünstige Witterungsverhältnisse in den Brut- und Aufzuchtzeiten zurückführen. Die Hauptursachen sind die zunehmende Industrialisierung der Landwirtschaft, Pflanzenschutzmittel, weitere einschneidende Veränderungen in den offenen Kultursteppen (Lebensraumschwund) sowie steigende und überhöhte Raubwildpopulationen. Während noch in den 60er Jahren des 20. Jahrhunderts Brutpaardichten von 50 bis 80 oder mehr pro 100 Hektar registriert wurden, lebt das Rebhuhn heute gebietsweise in Minimalbesätzen oder Restvorkommen, die bereits nach einem extrem harten Winter ein regionales Aussterben befürchten lassen.

▶ **Tritte und Geläuf**

Die meist geschnürten oder selten leicht geschränkten Geläufe des Rebhuhns sind ganz überwiegend nur im Schnee oder auf feuchten beziehungsweise nassen Feldwegen und Feldern zu finden.

Einzeltritt des Rebhuhns

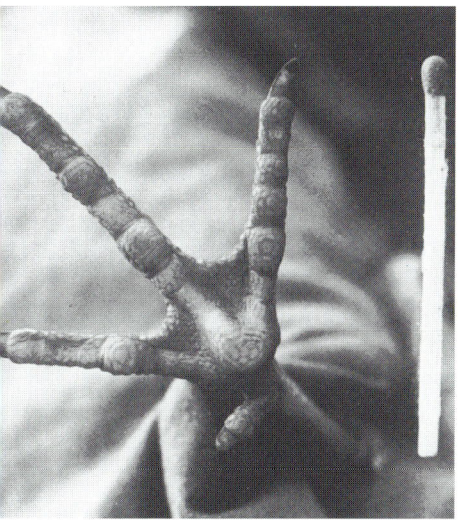

Fußsohle des Rebhuhns

Die Trittsiegel entsprechen den Abdrücken eines typischen „Hühnerfußes". Das einzelne Trittsiegel ist viereinhalb bis fünf Zentimeter lang und etwa vier Zentimeter breit.

Es besteht aus einer sehr kleinen, fast runden Sohle sowie dem lang

Das Rebhuhn-Geläuf

und direkt nach vorn zeigendem dritten Zeh (Mittelzehe) und den etwas kürzeren, zur Längsachse der Mittelzehe um etwa 50 Grad abgewinkelten zweiten und vierten Zehen. Der erste, weitestgehend zurückgebildete Zehenstrahl sitzt am hinteren Ende der Fußsohle und zeigt der Mittelzehe entgegengesetzt leicht abgewinkelt nach hinten rechts oder links. Von ihm drückt sich im Geläuf nur die Kralle ab.

Sämtliche Zehen sind unbefiedert. In tieferem, nicht verharschtem Schnee pflügen die relativ kurzläufigen Hühner mit ihrem gedrungenem Körper deutlich sichtbare Furchen in die Schneedecke.

▸ **Gestüber**

Die zwei bis drei Zentimeter lange Losung beziehungsweise das *Gestüber* des Rebhuhns ist vielgestaltig. Äsungsabhängig ist es grünbraun, grau, braun oder schwarz und zeigt an einem Ende den typischen weißen Überzug mit Harnsäure. Das einzelne Gestüber ist meist walzen- oder keulenförmig, in sich gedreht und leicht gekrümmt mit stumpfen Enden (s. S. 113).

Besonders auffällig ist vor allem die klumpige, so genannte *Brutlosung* der allein brütenden Henne, die ausschließlich in der näheren Umgebung des Brutplatzes zu finden ist. Die *Brutgestüber* sind bis viereinhalb Zentimeter lang und etwa zwei Zentimeter breit. Als weitere Losungsform kommt, wie bei allen Hühnervögeln, die schwärzliche und breiige Blinddarmlosung hinzu.

▸ **Huderpfannen**

Abgesehen von Direktbeobachtungen, seinen Geläufen und den unterschiedlichen Gestüberformen gibt uns das Rebhuhn unter anderem noch durch seine *Sandbadestellen* oder *Huderplätze* Hinweise auf seine Präsenz. Diese sandigen *Huderpfannen* werden zur Gefiederpflege aufgesucht und sind unabdingbare Bestandteile im Lebensraum der Rebhühner. Wer diese Stellen kennt, kann dort am einfachsten auch Mauserfedern der Rebhühner sammeln.

Huderpfanne (Sandbadestelle) des Rebhuhns

▸ **Lautäußerungen**

Die bekannteste Lautäußerung des Rebhuhns ist der unverwechselbare, langgezogene und schnarrende Revierruf „*kjirräck*", mit dem die Hähne zur Balz- und Paarungszeit regelmäßig in den Morgen- und Abendstunden ihr Territorium markieren und gegen benachbarte Brutpaare abgrenzen. Das Verhören im Frühjahr eignet sich am besten zur Brutpaarkartierung. Durch den kürzeren Kontakt- und Sammelruf „kirick" rufen die Altvögel die Mitglieder der aufgescheuchten und eventuell verstreut eingefallenen Kette schon nach kurzer Zeit wieder zusammen. Wie alle Hühnervögel sind auch Rebhühner „gut und schnell zu Fuß" und versuchen bei Störungen und Gefahren zunächst laufend die nächste geeignete Deckung zu erreichen, um sich dort zu drücken.

Der Fasan

Mit dem Rebhuhn und der Wachtel stellt der Fasan (*Phasianus colchicus* L.), oder besser der Jagdfasan, die in Deutschland heimischen und regelmäßig verbreiteten Arten aus der Gruppe der Feldhühner. Das ursprüngliche Verbreitungsgebiet des Fasans erstreckt sich vom Schwarzen Meer über die Trockenzonen Mittel- und Ostasiens bis Japan. Über das antike Griechenland und die Römer kam der Fasan nach Mitteleuropa und Großbritannien. Schon im 16. Jahrhundert wurde er auch in Deutschland in Fasanerien gezüchtet und in großer Zahl in die freie Wildbahn entlassen. Heute ist der Fasan durch menschliche Einbürgerungen das am weitesten verbreitete Jagdwild der Erde.

▶ **Besatzentwicklung**

Die Entwicklung der Fasanenbesätze in Deutschland nahm ihren Höhepunkt um das Jahr 1970 herum. In dieser Zeit kamen allein in den alten Bundesländern etwa 1,3 Millionen Fasanen jährlich zur Strecke. Wie beim Rebhuhn führte der lange und schneereiche Winter 1978/79 zu drastischen Einbrüchen der Besätze und Strecken. Gemeinsam mit dem Feldhasen und dem Rebhuhn machen dem Fasan seither die veränderte Form der Landbewirtschaftung sowie hohe Raubwilddichten schwer zu schaffen. Nach einem leichten Aufwärtstrend scheinen sich die Jahresstrecken in Deutschland bei etwa 270.000 bis 300.000 erlegten Fasanen einzupendeln. Die Zahl der jährlich zur Unterstützung oder Neugründung freilebender Besätze ausgesetzten Fasanen ist nicht bekannt.

▶ **Tritte und Geläuf**

Die Füße und das Geläuf des Fasans (s. Abb. S. 90) entsprechen in etwa denen des Rebhuhns. Beide sind aber bedeutend größer. Das gesamte Trittsiegel des Fasans ist je nach Körperstärke und Geschlecht sechs bis acht Zentimeter lang und fünf bis sieben Zentimeter breit.

Fußsohle des Fasans

Die Krallen an den Zehen des Fasans sind im Verhältnis zur Fußgröße länger und stärker als jene des Rebhuhns und drücken sich im Geläuf deutlicher ab

▸ Gestüber und Huderpfannen

Auch die Gestüber- beziehungsweise Losungsformen entsprechen weitgehend denen des Rebhuhns. Die normalen wurst- oder keulenförmigen Gestüber sind etwa drei bis dreieinhalb Zentimeter lang, grünlich bis schwarz, häufig in sich gedreht und zeigen an einem Ende einen weißen Harnsäureüberzug. Wie beim Rebhuhn finden sich im Revier weiterhin die klumpenförmigen, übergroßen *Brutgestüber* der Fasanenhenne im Umfeld des Neststandortes sowie von Hennen und Hähnen standortunabhängig die breiige, schwärzliche und intensiv riechende (stinkende) Blinddarmlosung.

Auch der Fasan nutzt zur Gefiederpflege *Sandbadewannen* oder *Huderpfannen*. Sind die Standorte bekannt, bieten sich diese Stellen als Beobachtungsorte an.

▸ Lautäußerungen

Wie alle heimischen Hühnervögel ist der Fasan tagaktiv. Allein durch seine Größe aber lebt er insgesamt deutlich auffälliger als das Rebhuhn, was zu weitaus häufigeren Direktbeobachtungen im Revier führt. Zur Balzzeit im April bis Juni lassen die Hähne den weithin hörbaren *Revierruf „ko-kock"* oder *„kö-köck"* hören, dem ein ebenfalls deutlich hörbares *Flügelschlagen* folgt. Der Revierruf und das anschließende Flügelschlagen erfolgt häufig von regelmäßig genutzten *Rufplätzen*, meist etwas erhöhten Geländestrukturen, aus. Bei Verlusten des Geleges oder frühen Verlusten des gesamten Gesperres kommt es zu Nach- oder Zweitbruten bis in den August hinein.

▸ Schlafplätze und Vergesellschaftung

Anders als Rebhühner baumen Fasanen zum Schlafen meist in der Nähe ihrer bevorzugten Äsungsplätze auf. Ausgesetzte Fasanen zeigen dieses an sich artspezifische Schlafverhalten – mangels vorheriger Gelegenheit in nicht artgemäßen Volieren – mitunter nicht und werden häufiger von Raubwild gerissen als etablierte

Wildfasanen. Beim *Aufbaumen* melden die Hähne vom Schlafplatz aus mit dem meist dreisilbigen *Melderuf* „kokokok". Außerhalb der Balz-, Brut- und Aufzuchtzeit leben Fasanen in Trupps, die dann auch mehr oder minder große *Schlafgesellschaften* bilden. Der beim Aufbaumen abgegebene Ruf kann bei abendlichen Ansitzen oder Reviergängen dann als weit hör- und eventuell zählbare Bestätigung genutzt werden.

Die herbst- und winterlichen *Vergesellschaftungen* sind häufig nach Geschlechtern getrennt. In meinem braunschweigischen Heimatrevier Querum konnte ich in einer Erle acht schlafende Hähne zählen. Ebenso standen dort anlässlich einer Treib-

Sichernde Fasanenhenne

jagd im Jahre 1991 aus einer vergleichsweise kleinen, aber deckungsreichen Brachfläche vor den Hunden und Treibern nach und nach insgesamt 24 Fasanenhennen, aber kein einziger Hahn auf.

Die Wachtel

Die Wachtel (*Coturnix coturnix* L.) ist mit einer Körperlänge von 17 bis 18 Zentimetern der kleinste heimische Hühnervogel und gleichzeitig der einzige Zugvogel unter ihnen. Als Invasionsvogel war ihre Häufigkeit in Mitteleuropa seit jeher starken Schwankungen unterworfen. Das Vordringen der sehr heimlichen Wachtel zur Zugzeit nach Norden beziehungsweise Nordosten ist vermutlich an Klimaschwankungen gekoppelt. Seit etwa 1995 scheinen die Brutbesätze in Deutschland anzusteigen. Gebietsweise werden zur Balzzeit mehr rufende Wachtel- als Rebhähne registriert.

▶ **Tritte, Geläuf und Gestüber**

Das *Geläuf* der Wachtel zeigt Trittsiegel mit einer Länge von zwei bis zweieinhalb Zentimetern und entspricht einem typischen „Hühner-Geläuf" (vgl. Rebhuhn und Fasan). Auch die *Gestüber* und viele andere

Wildzeichen (zum Beispiel Huderplätze) sind identisch mit jenen des Rebhuhns, nur kleiner. Wegen ihrer geringen Größe und der sehr versteckten Lebensweise findet man die Hinterlassenschaften des kleinen Hühnervogels nur äußerst selten. Wie das Rebhuhn, aber anders als der Fasan, baumen Wachteln zum Schlafen nicht auf.

▶ **Rufe und andere Zeichen**

Äußerlich sind Wachtelhahn und Wachtelhenne nur schwer voneinander zu unterscheiden. Die sicherste Bestätigung der etwa starengroßen, sandfarbenen Vögel liefert zweifelsohne der unverkennbare *Revierruf* „pickwerick, pickwerick, pickwerick..." der Hähne zur Balzzeit, der als *Wachtelschlag* bezeichnet wird.

In ihren hiesigen Brutgebieten treffen die Wachteln Ende April/ Anfang Mai ein – die Hähne offenbar zuerst – und beginnen sodann mit der Balz. Die Eiablage erfolgt ab Mitte bis Ende Mai. Der Weg- und Durchzug zu den Winterquartieren findet während der Nacht in der Zeit von Ende August bis November statt.

Direktbeobachtungen der Wachtel sind ausgesprochen selten und meist überraschende Zufallsbegegnungen. Die rufenden Hähne verschweigen bei Gefahr schlagartig und suchen „zu Fuß" dichteste Deckung auf, drücken sich dort oder laufen weiter. Eigene Versuche, rufende Wachtelhähne kurz nach Balzbeginn in verschiedenen Revieren anzugehen und (ohne Hund) hochzumachen, scheiterten ausnahmslos.

Das Auerwild

Das zu den Rauhfuß- oder Waldhühnern zählende Auerwild (*Tetrao urogallus* L.) ist der größte Hühnervogel Eurasiens. In Deutschland kam das Auerwild bis Anfang des 20. Jahrhunderts noch in vielen Gebirgen und großen, geschlossenen Wäldern der Ebenen vor. Heute sind die Bestände des empfindlichen Kulturflüchters – bedingt unter anderem durch intensive Forstwirtschaft (Maximierung des Holzertrags) – bis auf die Alpen und einige Mittelgebirge sowie ein letztes Flachlandvorkommen in Thüringen zusammengeschrumpft.

▶ **Tritte und Fährte**

Das geschnürte Geläuf oder die Fährte des Auerwildes zeigt zunächst den typischen „Dreizack" aller Hühnervögel. Die eigentliche Sohle ist relativ klein und rund, allerdings größer als bei den Feldhühnern und Fasanen. Die lange dritte Zehe (Mittelzehe) zeigt direkt nach vorn, die zweite und vierte Zehe setzen im Winkel von etwa 80 Grad dahinter an, die erste Zehe zeigt (verkümmert) leicht abgewinkelt nach hinten. Sie ist aber im Verhältnis größer als beim Fasan und Rebhuhn und drückt sich auch in der Fährte meist deutlich ab. Die im Schnee oder auf weichem Boden sichtbaren *Hornstifte* oder *-plättchen*, beidseitig längs der Zehen, fehlen in der Zeit von etwa Mitte Mai bis Mitte September.

Das Trittsiegel des Auerhahns mit den Abdrücken der Hornstifte (Herbst, Winter)

▶ **Sonstige Zeichen**

Die Losungsformen oder *Gestüber* entsprechen denen der zuvor behandelten Hühnervögel, sind aber entsprechend größer und an Ruhestellen oft gehäuft zu finden. Die Blinddarmlosung, fälschlicherweise als „Balzpech" bezeichnet, wird über das ganze Jahr hinweg abgegeben. Die *Abbisse* – meist die oberen Enden von Koniferenzweigen mit einigen glatt abgeschnittenen Nadeln – findet man unter den Äsungsbäumen.

Das Birkwild

Das Birkhuhn (*Lyrurus tetrix* L.) ist nach dem Auerwild die zweitgrößte heimische Art aus der Gruppe der Rauhfußhühner. Das ursprünglich auch in weiten Teilen Mitteleuropas zahlreich vorkommende Birkwild ist heute in Deutschland – mit Ausnahme des Alpenbogens – vom Aussterben bedroht. Die Entwässerung der Moore und die folgende Abtorfung, die Aufforstung von Heideflächen, andere Kultivierungsmaßnahmen sowie steigende Raubwildbesätze und die fortschreitende Ausbreitung des Schwarzwildes führ(t)en dazu, dass das Birkwild in den verblie-

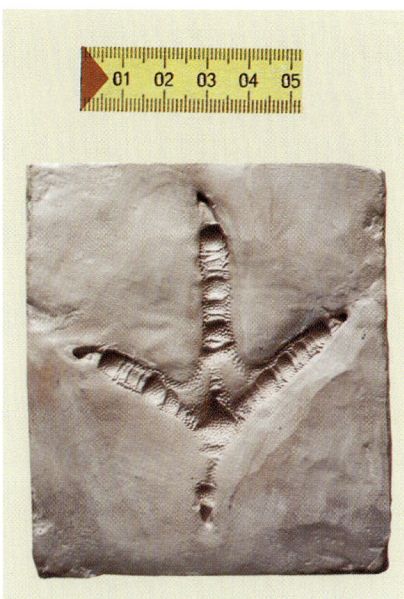

Der Fußabdruck des Birkhahns

benen Restvorkommen des Flachlandes nun schon seit mehreren Jahrzehnten ums Überleben kämpft. Die letzten stabilen Vorkommen leben heute auf den großen Truppenübungsplätzen in der Lüneburger Heide. Dort kann man zur Balzzeit im Frühjahr von Mitte April bis Mai noch das auffällige „Kollern", „Grugeln" oder „Blasen" der rivalisierenden „Spielhähne" hören.

▶ **Tritte und Geläuf**

Das in seiner Form typische „Hühner-Geläuf" entspricht dem des Auerwildes, ist mit einer Länge von sechs bis sieben Zentimetern aber deutlich schwächer. Die Hinterzehe ist weniger stark ausgeprägt als beim Auerhuhn. Im Schnee und auf weichem Boden fallen die Hornstifte längs der Zehen auf, die im Sommer fehlen. Die Gestüber- oder Losungsformen entsprechen – in kleinerem Maßstab – denen des Auerwildes und der anderen in diesem Buch behandelten Hühnervögel.

▶ **Sonstige Zeichen**

Birkwild gräbt sich zum Schutz vor Kälte bei hohen Schneelagen Schneehöhlen, in denen meist gehäuft *Gestüber* zu finden sind. In den *Sandbadewannen* oder *Huderplätzen* (Gefiederpflege) findet man wie bei allen Hühnervögeln am ehesten die Mauserfedern des „Kleinen Hahns" beziehungsweise der noch deutlich kleineren Birkhenne. Der Geschlechtsdimophismus hinsichtlich der Körpergröße ist beim Birk- und Auerwild von sämtlichen heimischen Federwildarten (mit Ausnahme des Habichtes und Sperbers) am stärksten ausgeprägt.

Entenvögel, Lappentaucher, Wat- und Möwenvögel

95 ▸	Die Stockente
96 ▸	Die Graugans
97 ▸	Der Höckerschwan
98 ▸	Der Haubentaucher
99 ▸	Die Waldschnepfe
100 ▸	Die Silbermöwe
101 ▸	Die Lachmöwe

Die Stockente

Die Stockente (*Anas platyrhynchos* L.) ist zweifelsohne die Wildente unserer Breiten schlechthin und soll an dieser Stelle stellvertretend für zahlreiche andere Entenarten besprochen werden. Flächendeckende absolute Zahlen über die hiesigen Brutpopulationen liegen nicht vor, doch geben die langjährigen Streckenergebnisse (~ 500.000 Stück) eindeutige Hinweise auf die weite Verbreitung und absolute Häufigkeit der Stockente. Hierbei ist allerdings zu berücksichtigen, dass spätestens ab Oktober auch große Zahlen nord- und nordosteuropäischer Enten die hiesigen Gewässer bevölkern und auch alle anderen erlegten „Wildenten" in der Streckenstatistik registriert werden.

Das Geläuf der Stockente zeigt den Abdruck des typischen schmalzehigen Entenfußes. Die zweite, die lange dritte und vierte Zehe sind durch *Schwimmhäute* miteinander verbunden. Die Hinterzehe hat keinen *Schwimmlappen*. Bei der gegebenen Artenvielfalt ist eine exakte Artansprache anhand des Geläufes fast unmöglich. Die Unterscheidung zwischen Tauch- und Schwimmenten hingegen ist einfach: Bei den Schwimmenten ist der mittlere Zeh der längste. Bei den Tauchenten ist die Außenzehe ebenso lang, evtl. sogar länger ausgeprägt. Durch den

Schwimmlappen an der verkürzten Hinterzehe hinterläßt diese im Geläuf einen breiteren Abdruck als jene der Schwimmenten. Allerdings bewegen sich Tauchenten nur in seltenen Ausnahmefällen an Land.

Der Latschenabdruck der Stockente

Fehlen andere Hinweise, geben meist Federn auf der Wasseroberfläche von Stillgewässern eindeutige Hinweise auf die spätabendliche und nächtliche Anwesenheit von Enten.

Stockentenbrut in einem Tiefzwiesel

Die Graugans

Die Graugans (*Anser anser* L.) ist die Stammform unserer Hausgänse und überdies die einzige Gänseart, die regelmäßig in fast allen Bundesländern als Brutvogel vorkommt. Letzteres ist vor allem erfolgreichen Wiedereinbürgerungsversuchen zu verdanken. Zur Wildschadensvermeidung und -eindämmung wird die Graugans gebietsweise schon seit Jahren wieder gezielt bejagt. Die Vorkommen fast aller anderen Gänsearten beschränken sich – abgesehen von der Zug-, Rast- und Überwinterungsphase – auf einzelne und meist sehr kleine Brutbestände.

Im Gegensatz zu Schwänen, Enten und Sägern äsen Gänse überwiegend an Land. Als Anpassung an diese Form der Nahrungsaufnahme (Weidegänger) sind ihre Ständer und Latschen (Füße) relativ kräftiger als jene der anderen Entenvögel. Ihr Gang wirkt gewandter und weniger watschelnd.

In ihren Trittsiegeln – die ansonsten aussehen wie die einer „großen

Der Höckerschwan

Schwimmente" – fallen vor allem die kräftigen, breiten Zehen auf. Das Trittsiegel der Graugans ist etwa neun bis zehn Zentimeter lang und fast genauso breit. Die Hinterzehe ist kurz (ohne Schwimmlappen) und drückt sich nur als kleine Grube ab. Durch das mit zweieinhalb bis vier Kilogramm relativ hohe Gewicht der Graugans findet man ihre Trittsiegel inklusive der Schwimmhäute auch auf trockeneren Schlammböden, Uferbänken oder landwirtschaftlichen Nutzflächen.

Der Latschenabdruck der Graugans

Insgesamt ist die Lebensweise der Gänse jedoch so auffallend, dass es einer Bestätigung durch das Geläuf oder andere Wildzeichen im Normalfall nicht bedarf.

Der Höckerschwan (*Cygnus olor* L.) ist die einzige in Mitteleuropa brütende Schwanenart. Im Winterhalbjahr können sich regional und meist in geringer Zahl aus Nord- und Nordosteuropa zuwandernde Sing- und Zwergschwäne hinzugesellen, die sich aber durch ihre Schnabelform und -farbe deutlich vom Höckerschwan unterscheiden.

Allein durch seine Größe ist das Geläuf des Höckerschwanes mit keinem anderen zu verwechseln. Das einzelne Trittsiegel ist insgesamt etwa 18 bis 20 Zentimeter lang. Die Mittel- und Außenzehe adulter Schwäne misst etwa 16 Zentimeter, die kurze Hinterzehe (ohne Schwimmlappen) immerhin noch zwei bis zweieinhalb Zentimeter. Anhand des Geläufs wird – wie bei anderen Entenvögeln – auch der watschelnde Gang der Schwäne deutlich: Die Trittsiegel weisen deutlich sichtbar nach innen. Die Schrittlänge des Höckerschwans beträgt etwa 28 bis 35 Zentimeter.

Die auffallend großen *Nester* der monogam lebenden Höckerschwäne bestehen aus halbmeter- oder noch höheren Haufen aus Reisern, Schilf und anderem Pflanzenmaterial, auf deren Kuppe sich die Nistgrube befindet.

Ohne natürliche Feinde und vielerorts ganzjährig futterzahm, haben die Bestände des Höckerschwans in Deutschland in den zurückliegenden Jahrzehnten ständig zugenommen. Schon im Winter 1982 konnte ich auf einem einzigen Becken der Braunschweiger Rieselfelder 68 Höckerschwäne zählen.

Der Haubentaucher

Der Haubentaucher (*Podiceps cristatus* L.) ist der größte Vertreter der vier in Deutschland regelmäßig brütenden Arten aus der Ordnung der Lappentaucher. Hinzu kommen der Rothals-, Schwarzhals- und Zwergtaucher. Die Brutvorkommen des Rothals- und Schwarzhalstauchers sind selten und relativ weit zerstreut.

▶ **Erkennungszeichen im Revier**

Die Zehen der Lappentaucher – auch die kleine Hinterzehe – sind mit einheitlichen, nicht untergliederten und nicht eingekerbten *Schwimmlappen* ummantelt (vgl. Blessralle!, S. 108f.). Die Außenzehe ist länger als die Mittelzehe. Die Schwimmlappen der Latschen tragen am Rand eine weitgehend einheitliche Reihe kleiner Schuppen. Die Krallen sind kurz und stumpf. Die Kralle der Mittelzehe ist außerdem an der Vorderkante gezähnt.

Der Latschenabdruck des Haubentauchers

Durch die extreme Anpassung sämtlicher Lappentaucher an das Leben auf beziehungsweise im Wasser findet man ihre *Geläufe*, sieben bis acht Zentimeter lang und breit, nur in seltenen Ausnahmefällen in den schlammigen Uferzonen der Brut- und Nahrungsgewässer. Die Losung oder Gestüber des Haubentauchers sind ebenso selten zu finden und wie die der meisten Wasservögel uncharakteristisch.

So gelingt auch die Bestätigung des Haubentauchers fast ausnahmslos durch Direktbeobachtungen der besonders durch ihr *Prachtkleid* und das artspezifische, tanzähnliche Balzritual sehr auffälligen Altvögel. Die Jungen sämtlicher Lappentaucherarten sind auffallend längsgestreift.

Die etwa taubengroße Waldschnepfe (*Scolopax rusticola* L.) zählt zu den Watvögeln (Limikolen). Als letzter Vertreter dieser formen- und artenreichen zoologischen Unterordnung unterliegt sie heute noch dem Jagdrecht. Der „Vogel mit dem langen Gesicht" lebt sehr heimlich und offenbart sich als Direktbeobachtung meist nur zur Balz, auf der Jagd hochgemacht oder zur Nacht im Licht des Autoscheinwerfers auf feuchten Waldwegen.

▶ **Erkennungszeichen im Revier**

Das Geläuf der Waldschnepfe findet man vor allem auf weichen Waldwegen, schlammigen Stellen im

Die Waldschnepfe

Der Fußabdruck der Waldschnepfe

Wald, in oder an Feldgehölzen oder anderen geeigneten Deckungsstrukturen. Das einzelne Trittsiegel ist dem der Hühnervögel sehr ähnlich, insgesamt (mit Hinterzehe) etwa fünf Zentimeter lang und ebenso breit. Die Zehen sind insgesamt sehr schmal, die Mittelzehe ist länger als die Außenzehen. Zwischen den leicht geschränkt hintereinander stehenden Fußabdrücken findet man zusätzlich häufig die „Stechstellen", die die Spur fast unverwechselbar machen. Die Waldschnepfe sticht alle Paar Schritte mit ihrem langen Schnabel (*Stecher*) im weichen Boden nach Nahrung – Regenwürmer, Insekten und deren Larven – und hinterlässt dabei im eigentlichen Geläuf punktförmige Löcher in Schnabelstärke.

Die bekanntesten Lautäußerungen sind das tiefe, dumpfe „Quorren" und das hohe „Puitzen" der zur Balz im Frühjahr streichenden Hähne.

Der Latschenabdruck der Silbermöwe

Die Silbermöwe

Die Silbermöwe (*Larus argentatus* L.) ist die häufigste Möwenart der deutschen Küsten, tritt regelmäßig aber auch im Binnenland auf. Als ursprünglicher Küsten- und Meeresvogel, aber klassischer Kulturfolger ist sie mittlerweile auch an Müllkippen und Rieselfeldern in großer Zahl zu beobachten.

Bekannt ist, dass die Silbermöwe und andere Großmöwen sich gelegentlich als Nesträuber betätigen und auch Jungwild erbeuten können. Ob sie allerdings, wie von manchen befürchtet, einen nachhaltig negativen Einfluss auf Niederwildbesätze (Hase, Fasan, Kaninchen etc.) nehmen können, erscheint angesichts der Tatsache, dass einige Nordseeinseln zu den besten Niederwildgebieten Deutschlands zählen, zumindest zweifelhaft. Einige dieser Inseln beherbergen die größten Brutkolonien der Silbermöwe.

▶ **Erkennungszeichen im Revier**

Das Trittsiegel der Silbermöwe ähnelt in Form und Stärke etwa dem der Stockente. Sämtliche Möwen sind aber in Relation zu ihrer Körpergröße kleinfüßig. Die Mittelzehe der Silbermöwe ist mit etwa vier Zentimetern länger als die leicht bogenförmig gekrümmten zweiten und vierten Zehen. Die rudimentäre Hinterzehe der Möwen ist noch kleiner als bei den Schwimmenten, was auch im Trittsiegel deutlich wird. Wie jene der Enten sind die Trittsiegel der Möwen etwa so breit wie lang.

Als zusätzliche Wildzeichen gelten die üblicherweise mit Fischgräten oder -schuppen durchsetzten *Gewölle* der Möwen sowie die *Mauserfedern*.

Die Lachmöwe

Die Lachmöwe (*Larus ridibundus* L.) ist die am weitesten verbreitete und wohl bekannteste Möwenart Europas. Vor allem im 20. Jahrhundert stiegen die Besätze der Lachmöwe in Europa bemerkenswert an. An der deutschen Nord- und Ostseeküste ist sie eigentlich nur mit der kleineren Zwergmöwe zu verwechseln, die aber im Flug ihre dunklen Flügelunterseiten zeigt. Von der im Prachtkleid adulter Tiere schokoladenfarbenen Kopfkappe bleibt im Schlichtkleid lediglich ein kleiner dunkler Ohrfleck übrig. Als einzige heimische Möwenart brütet die Lachmöwe in großen Kolonien regelmäßig auch im Binnenland. Häufig zu beobachten ist, dass weniger wehrhafte Arten, wie zum Beispiel Lappentaucher oder Seeschwalben, bevorzugt im Schutz von Lachmöwenkolonien brüten und von der gemeinschaftlichen und effizienten Feindabwehr der Möwen profitieren.

▶ **Erkennungszeichen im Revier**

Das Trittsiegel der Lachmöwe entspricht weitgehend dem der Silbermöwe, ist mit etwa drei bis dreieinhalb Zentimetern Länge aber etwas kleiner. Auch bei der Lachmöwe erscheinen die zweite und vierte Zehe – mit der Mittelzehe durch Schwimmhäute verbunden – etwas bogenförmig nach innen gekrümmt.

Die *Gewölle* der Lachmöwe enthalten je nach Nahrungswahl Pflanzenteile, Insekten- oder Fischreste. Aufgrund ihrer auffallenden Lebensweise bedarf es wie bei allen anderen Möwenarten aber eigentlich keiner anderen Bestätigung als der Direktbeobachtung.

Tauben, Rabenvögel, Schreitvögel und Kranichartige

Die Ringeltaube ◄ 102
Der Kolkrabe ◄ 103
Die Aaskrähe ◄ 105
Die Elster ◄ 106
Der Graureiher ◄ 107
Die Blessralle ◄ 108
Das Grünfüßige Teichhuhn ◄ 109
Der Kranich ◄ 110

Die Ringeltaube

Die Ringeltaube (*Columba palumbus* L.) ist nicht nur die größte, sondern mit weitem Abstand auch die häufigste der vier heimischen Wildtaubenarten. Die Jahresstrecken liegen im langjährigen Mittel deutlich über 700.000, eine Strecke, die in Deutschland nur noch von der beim Rehwild mit über einer Million übertroffen wird.

► **Erkennungszeichen im Revier**

Das *Trittsiegel* der Ringeltaube ist etwa sechs Zentimeter lang und vier bis fünf Zentimeter breit. Alle vier Zehen und Krallen werden auf weichem Boden deutlich abgedrückt. Die Hinterzehe ist gut halb so lang wie die Mittelzehe. Die etwa gleich langen Außen- und Innenzehen sind von der Längsachse des Trittes ausgehend, deutlich nach vorn gerichtet.

Die *Losung* besteht zumeist aus kleinen grünen, grauen oder schwarzen und gedrehten Walzen mit einem weißen Harnsäureüberzug. Die Tauber machen besonders durch ihren charakteristischen *Revierruf* zur Balz-, Brut- und Aufzuchtzeit auf sich aufmerksam: „Gruh-ruh-gruruh, gruh-ruh-gruruh... – ru." Der Ruf variiert individuell und in der Häufigkeit. Am Ende ist aber stets ein kurzer scheinbar „abgehackter" Ton zu hören. Weiterhin auffallende Lautäußerungen sind der laute Schwingenschlag des balzenden Taubers und abstreichender Tauben.

DER KOLKRABE

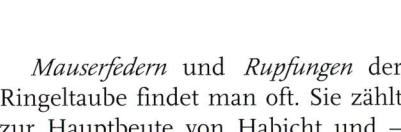

Das Geläuf der Ringeltaube

Mauserfedern und *Rupfungen* der Ringeltaube findet man oft. Sie zählt zur Hauptbeute von Habicht und – wo er vorkommt – Wanderfalke.

Von den übrigen drei heimischen Taubenarten genießen die kleinste, die dunkelbraune Turteltaube (*Streptopelia turtur* L.), und die unscheinbare graublaue Hohltaube (*Columba oenas* L.) eine ganzjährige Schonzeit. Die hellbeige Türkentaube (*Streptopelia decaocto* FRIVALDSKY) hat nur in Berlin und Hamburg keine Jagdzeit. Tritte und Geläufe dieser Arten entsprechen im Aussehen jenen der Ringeltaube, sind aber in der Abstufung Hohl-, Türken- und Turteltaube entsprechend kleiner.

Der Kolkrabe

Der größte heimische Rabenvogel blickt in Europa auf eine wechselvolle Geschichte zurück. Aus dem einst heiligen Vogel und „Götterboten" der Germanen wurde der schonungslos verfolgte „Unglücksrabe" oder „Galgenvogel". Durch die rigorose Bejagung und Vergiftung war der Kolkrabe (*Corvus corax* L.) in Deutschland und Mitteleuropa bis auf wenige kleine Restpopulationen, zum Beispiel in den Alpen, ausgestorben. Etwa zur Mitte des 20. Jahrhunderts setzte eine (Wieder-)Ausbreitungswelle des mittlerweile geschützten Kolkraben ein, die bis heute mit steigender Tendenz anhält. Aufgrund gehäuft auftretender landwirtschaftlicher Schäden wird der Rabe in Mecklenburg-Vorpommern sogar schon wieder bejagt.

▶ **Tritte und Geläufe**

Das Trittsiegel des Kolkraben – zehn bis elf Zentimeter lang – erinnert im Aussehen etwas an das einer riesigen Taube. Allerdings ist die Hinterzehe verhältnismäßig stärker und in etwa so lang wie die Mittelzehe. Der einzelne Abdruck des Kolkraben erinnert an ein Kreuz, bei dem die X-Achse in einem Winkel von etwa 75 bis 80 Grad nach vorn gefaltet wurde. Weiterhin charakteristisch sind die abgedrückten Sohlenschwielen, die die einzelnen Zehen deutlich gegliedert erscheinen lassen.

Der Fußabdruck des Kolkraben

Wie alle Krähenvögel bewegt sich der Kolkrabe auf dem Boden gehend oder seitlich hüpfend. Letztere Gangart führt zu sehr eigentümlichen Geläufen und Trittfolgen, die nur von Krähenvögeln hinterlassen werden.

▶ **Rufe und Flugbild**

Die Rufe des Kolkraben sind vielgestaltig. Am häufigsten ist ein tiefes „korr" oder das etwas metallisch klingende „klong, klong" zu hören. Andere Laute, die man zunächst nicht dem Kolkraben zuordnen würde, werden besonders zur Balzzeit abgegeben. Da der Kolkrabe sehr häufig auch im Flug seine markanten Rufe hören lässt, ist er meist schon von weitem daran zu erkennen.

Das Flugbild des auch gut und ausdauernd segelnden Kolkraben ist allein aufgrund des keilförmigen Stoßes unter sämtlichen Rabenvögeln einzigartig. Der mächtige Schnabel und die relativ langen Schwingen lassen den Kolkraben wie ein fliegendes Kreuz erscheinen, die harten Schwungfedern erzeugen ein deutlich hörbares Fluggeräusch. Bei ihren Balzflügen zeigen die Raben eine artistische Rolle, bei der sie sich um die Körperlängsachse auf den Rücken drehen. Diese bezeichnende Verhaltensweise wird aber auch außerhalb der Balz gelegentlich gezeigt, zum Beispiel bei Angriffen hassender Greifvögel. Auf den Kolkraben hassen aber auch die anderen Rabenvogelarten – er steht, wie es Konrad Lorenz einmal ausdrückte, außerhalb des „Schutz- und Trutzbündnisses" der Rabenvögel.

Trittsiegelmaße Rabenvögel

Kolkrabe (L x B)	10–11 cm x ca. 5,7 cm
Aaskrähe (L x B)	7–8 cm x ca. 4 cm
Elster (L x B)	5,5–6 cm x 3 cm

Die Aaskrähe

Die Aaskrähe (*Corvus corone* L.) kommt in Deutschland in zwei geografischen Rassen vor. Der vorwiegend in Westdeutschland verbreiteten schwarzen Rabenkrähe (*Corvus c. corone*) und der mehr ostdeutschen Nebelkrähe (*Corvus c. cornix*), bei der Rücken, Brust und Unterschwanzdecken grau gefärbt sind. Die Trennlinie verläuft etwa längs der Elbe. Besonders in Schleswig-Holstein, Niedersachsen, Mecklenburg-Vorpommern und Brandenburg sind fruchtbare Bastarde beider Rassen in unterschiedlichsten Gefiedervarianten anzutreffen.

▶ **Erkennungszeichen im Revier**
Die *Sohle*, das *Trittsiegel* und das *Geläuf* der Aaskrähe entspricht dem des Kolkraben, ist aber deutlich kleiner. Wie beim Kolkraben drücken sich die relativ langen Krallen im Trittsiegel deutlich ab, und die Sohlenschwielen unterteilen die Abdrücke der einzelnen Zehen scheinbar in mehrere, unregelmäßig miteinander verbundene Glieder.

Die *Gewölle* der Aaskrähen sind bis etwa vier Zentimeter lang und etwa zwei Zentimeter breit. Sie enthalten dem Ernährungstyp der Aaskrähe entsprechend (Allesfresser) die unterschiedlichsten unverdaulichen Fraßreste.

Der Fußabdruck der Aaskrähe

Durch die jahrelange Vollschonung der Art in Deutschland im Zusammenhang mit der nationalen Umsetzung der EU-Vogelschutzrichtlinie sind die Bestände drastisch angewachsen und werden vor dem Hintergrund steigender Schäden in der Landwirtschaft sowie in Niederwild- und Bodenbrüterbeständen in fast allen Bundesländern wieder bejagt.

Das Geläuf der Aaskrähe

Die Elster

Nach langjähriger Vollschonung hat sich die Elster (*Pica pica* L.) in Deutschland zum Kulturfolger entwickelt. Ihre Bestände nahmen rasch zu, wobei sich zur Zeit vielerorts eine Stagnation abzuzeichnen scheint. Brutvorkommen der Elster in jedweder Form menschlicher Siedlungen, Hausgärten ohne erfolgreich brütende Freibrüter, Schäden in der Landwirtschaft sowie Gelegeverluste beim Federwild und anderen Bodenbrütern waren die offensichtlichen Folgen, die in vielen Bundesländern zur Aufnahme der Elster in die Liste der jagdbaren Arten führte.

▶ Erkennungszeichen im Revier

Die *Geläufe* und *Trittsiegel* der Elster sind typisch für Rabenvögel und entsprechen denen der Aaskrähe, sind aber deutlich schwächer (vgl. Aaskrähe und Kolkrabe).

Auffällig sind die kugeligen, aus relativ groben Reisern gebauten und überdachten *Horste* der Elster. Sie zeigen ein seitliches Einschlupfloch, die Nistmulden sind mit Lehm ausgekleidet. Unverwechselbar ist der *schackernde* Ruf, der wie das Schütteln einer halbvollen Streichholzschachtel klingt.

Die Bejagung der Elster ist besonders an den *Schlafbäumen* der herbst- und winterlichen Schlafgemeinschaften erfolgversprechend. Die Schlafbäume erkundet man am besten durch Direktbeobachtung. Etwas versteckte Schlafbäume entdeckt man wie jene der Ringeltaube meist durch flächendeckende *Losungsfunde* und *Mauserfedern* unter den Bäumen.

Ursprünglich ist die Elster ein Bewohner der halboffenen, strukturreichen Landschaft mit mehr oder minder großen Gehölzen und Hecken. Mit der regional großräumigen Vernichtung dieses Landschaftstyps orientierten sich auch die Brutvorkommen immer mehr in Richtung der Dörfer und Städte. Elstern gelten als weitgehend standorttreu und verlassen ihre Brutgebiete auch im Winter kaum mehr als etwa 25 bis 30 Kilometer. Die oben erwähnten großen winterlichen Schlafgemeinschaften geben dementsprechend einen guten Anhaltspunkt über die Höhe der jeweiligen Elsternbesätze. Als Schlafplätze werden relativ niedrige Weiden- und Pappelgehölze in der Feldmark oder in unmittelbarer Siedlungsnähe bevorzugt.

Mit einsetzender Dämmerung beginnt der truppweise Anflug der Schlafplätze und bietet gute Voraussetzungen zum Anstand direkt unter den meist unterholz- und deckungsreichen Schlafbäumen.

Der Graureiher

Der kolonie- und baumbrütende Graureiher (*Ardea cinerea* L.) ist die in Europa und Deutschland häufigste und verbreitetste Art aus der Ordnung der Schreitvögel. Da er sich überwiegend von Fisch ernährt, geriet er frühzeitig in Kollision mit menschlichen Nutzungsinteressen. Dieser Konflikt hat bis heute Bestand und hielt den Graureiher letztlich auf der Liste der jagdbaren Tierarten. Aktuell darf er mit behördlichen Sondergenehmigungen erlegt werden, was die zur Zeit hohen und stabilen Besätze des Graureihers aber nicht beeinträchtigen dürfte.

▶ Erkennungszeichen im Revier

Das auffallend große, 14 bis 17 Zentimeter lange und elf bis zwölf Zentimeter breite *Trittsiegel* des Graureihers kann aufgrund seiner Größe nur mit jenen des Weiß- und Schwarzstorches oder des Kranichs verwechselt werden. Bei allen drei genannten Arten aber ist die Hinterzehe nur als kleine Vertiefung im Trittsiegel zu erkennen, während sich die Hinterzehe des Graureihers, als Anpassung an die Fortbewegung in schlammigen Uferzonen, etwa fünf bis sechs Zentimeter lang und deutlich abdrückt.

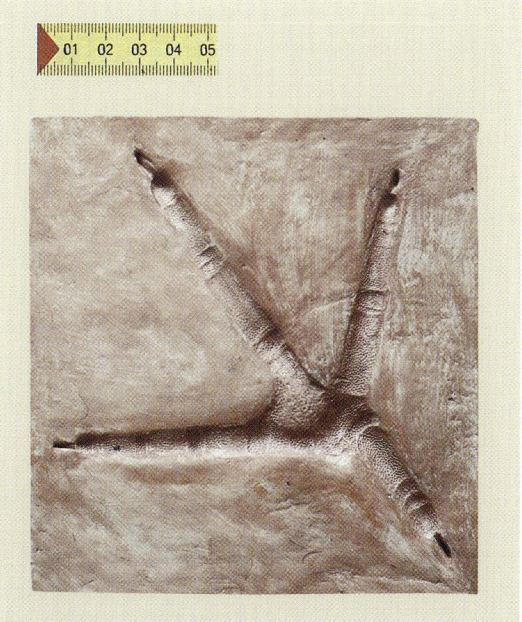

Der Fußabdruck des Graureihers

Sein laut krächzender, kurzer *Ruf* verrät den Graureiher auch im nächtlichen Flug. Im Gegensatz zu den oft wenig charakteristischen Gewöllen geben die auffallenden *Mauserfedern* sichere Hinweise auf die vielleicht frühmorgendliche Anwesenheit des Graureihers. Sind seine Nahrungsgewässer in kalten Wintern ohne geschlossene Schneedecke zugefroren, weicht der Graureiher zum Mäusefang auf die Felder.

Die Blessralle

Die Blessralle (*Fulica atra* L.) oder „das Blesshuhn" ist die mit Abstand häufigste und am weitesten verbreitete Art aus der Familie der Rallen. In Deutschland dürfte es schwerfallen, ein größeres Stillgewässer oder einen Fluss – von der offenen Landschaft bis ins Zentrum der Großstädte – zu finden, auf dem sie nicht in mehr oder minder großer Zahl als Brutvogel, Nahrungs- oder Wintergast vorkommt. In ihrer Anpassungsfähigkeit an die verschiedensten Gewässerformen und relativen Anspruchslosigkeit übertrifft sie sämtliche heimischen Wasservögel.

▶ **Erkennungszeichen im Revier**
Charakteristisch für die Rallen sind ihre – mit Ausnahme der Hinterzehe – *langen Zehen*. Als einzige hei-

mische Ralle verfügt die Blessralle über *eingekerbte Schwimmlappen* an den Zehen (vgl. Lappentaucher!), ein Hinweis darauf, dass das Vorkommen der Blessralle als ausgesprochenem Tauch- und Schwimmvogel unabdingbar an offene Wasserflächen gekoppelt ist. Dennoch sind ihre *Trittsiegel* und *Geläufe* relativ häufig auch in Uferzonen, auf Dämmen und Deichen sowie auf Wegen in Gewässernähe zu finden.

Die lange Mittelzehe der Blessralle kann allein neun bis neuneinhalb Zentimeter lang sein. Die Hinterzehe – im Trittsiegel meist deutlich abgedrückt – erreicht Längen von zweieinhalb bis drei Zentimetern. Ohne die Schwimmlappen sähe das Trittsiegel

Trittsiegelmaße Rallen	
Blessralle (L x B)	10–13 cm x 9–10 cm
Grünfüßiges Teichhuhn (L x B)	8–9 cm x 7–7,5 cm

Das Grünfüßige Teichhuhn

**Der Fußabdruck des Blesshuhns –
charakteristisch sind die eingekerbten
Schwimmlappen**

etwa wie das eines großen Hühnervogels mit sehr schmalen Zehen aus.

Kommt es mitunter zu sogenannten *Schachtelbruten*, legt die Blessralle bereits wieder Eier, bevor die Erstbrut flügge ist. Diese wird dann vom Männchen weiter aufgezogen und beteiligt sich gelegentlich an der Fütterung der jüngeren Zweitbrut-Geschwister. Die Zahl echter Zweitbruten dürfte aber geringer sein, als oft angenommen wird. Häufiger handelt es sich wohl um Nachgelege nach dem Verlust der ersten Brut beziehungsweise des ersten Geleges.

Auch wenn das Grünfüßige Teichhuhn (*Gallinula chloropus* L.) – meist nur kurz Teichhuhn genannt – in seiner Verbreitung und Häufigkeit sicher nicht mit der omnipräsenten Blessralle vergleichbar ist, kommt die zweitgrößte heimische Rallenart trotzdem häufiger vor als gemeinhin angenommen. Ihre zumindest in der freien Landschaft deutlich versteckter und unauffälligere Lebensweise macht es aber schwer, sie in Schilf- und Röhrichtgürteln oder anderen deckungsreichen Wasserpflanzenbeständen zu registrieren. Obwohl gut schwimmfähig, ist das Teichhuhn sehr viel seltener auf offenen Wasserflächen zu beobachten als die Blessralle. Im Gegensatz zur Blessralle zählt das Teichhuhn nicht zum Wild (§ 2, BJG), sondern zu den besonders geschützten Tierarten.

▶ **Erkennungszeichen im Revier**

Die Mittelzehe des Teichhuhns ist im *Trittsiegel* rund fünfeinhalb Zentimeter lang, die kleine Hinterzehe zwei bis zweieinhalb Zentimeter. Grundsätzlich erinnert das Trittsiegel – auch in der Größe – an das des Fasans, doch wirken die Zehen insgesamt gerader und schlanker. Die Außenzehe des Teichhuhns ist darüber hinaus länger. Selbst wenn auch der Fasan relativ häufig in Wassernähe anzutreffen ist, sind vor dem Hintergrund der doch weitgehend verschiedenen Lebensräume beider Arten Verwechslungen fast ausgeschlossen.

Der Kranich

Der Kranich (*Grus grus* L.) ist durch seine durchschnittliche Körperhöhe der größte, allerdings längst nicht der schwerste Vogel Europas. Fälschlicherweise oft als Schreitvogel (Reiher, Störche) angesehen, bildet der Kranich mit den Familien der Rallen und Trappen die Ordnung der Kranichartigen (*Gruiformes*). Seit dem Ende des 19. Jahrhunderts setzte durch Biotopvernichtung, vor allem durch die Trockenlegung zahlreicher Feuchtgebiete, ein drastischer Rückgang der Kranichbestände ein. Durch Biotop-

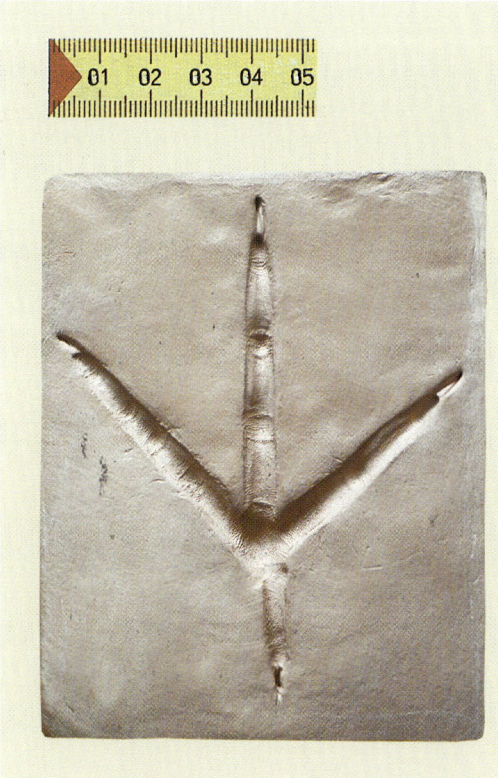

Der Fußabdruck des Grünfüßigen Teichhuhns

schutzmaßnahmen, aber auch durch eine offensichtliche Anpassung des Kranichs an die veränderten Bedingungen in der mitteleuropäischen Kulturlandschaft ist aktuell erfreulicherweise ein leichter, aber steter Aufwärtstrend erkennbar.

▶ **Erkennungszeichen im Revier**

Das *Geläuf* und *Trittsiegel* des Kranichs, neun bis elf Zentimeter lang und breit, entspricht dem des Graureihers, doch sind die Zehen des Kranichs einerseits wesentlich kräftiger, andererseits drückt sich die rudimentäre Hinterzehe nur auf sehr weichen Böden oder im Schnee ab. Zu verwechseln sind die Fußspuren daher am ehesten mit jenen der Störche. Kranichgeläufe sind am häufigsten auf vegetationslosen Partien in Feuchtgebieten oder zur Zug- und Rastphase auf landwirtschaftlichen Nutzflächen zu finden.

Der Fußabdruck des Kranichs

Seine unverkennbaren, lauten und weithin hörbaren Rufe „*kruuuuh-ruuuuh...*" gaben ihm seinen wissenschaftlichen Namen und tun seine Anwesenheit in der Luft oder auf dem Land meist vor dem ersten direkten Blickkontakt kund.

Losung, Gewölle, Fraßbilder

112 ▶ Losung und Gewölle
114 ▶ Fraßbilder

Losung und Gewölle

Die feste, beeren- bis eichelförmige Losung des Rotwilds (l.) und des Rehwilds (r.): Die Annahme, an der Losung den Rothirsch vom Tier unterscheiden zu können, ist schlichtweg falsch!

Je nach Äsung – vor allem im Frühjahr – kann die Losung des Schalenwilds (l. Bild Rehwild) auch kohärent oder sogar breiig sein.
Die klumpige Schwarzwildlosung (r.) ist meist recht uneinheitlich geformt.

Der Feldhase gibt seine ca. 15 mm großen, oft strohig wirkenden Losungspillen (l.) in deutlich geringerer Zahl ab als das Wildkaninchen die seinen. Fuchslosung (r.) ist meist walzenförmig und an einem Ende gedreht und spitz ausgezogen.

Die Losung des Dachses (l.) enthält oft Chitinreste verzehrter Insekten.
Die Gestüber der Hühnervögel (r. Rebhuhn) Unterscheiden sich nur durch die Größe. Typisch ist der weiße Harnsäureüberzug an einem Ende.

Die Gewölle von Taggreifen (l. Mäusebussard) und Eulen (r. Waldohreule) sind nur bei typischer Ausprägung zu unterscheiden. Wegen des geringeren Salzsäuregehalts im Magen enthalten Eulengewölle meist einen höheren Anteil unverdauter Knochen.

Fraßbilder

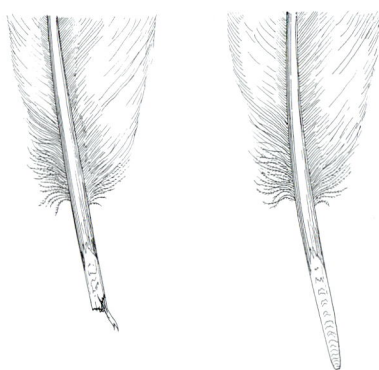

Die Federkiele geben Auskunft: Sind sie abgebissen (l. Feder im r. Bild), wurde das Huhn gerissen, sind sie gerupft und abgeschert (r. Feder), handelt es sich um eine Greifvogelrupfung.

In der Nahaufnahme: abgebissene Hühnerfedern an einem Fuchsriss (l.) und die gerupften einer vom Uhu geschlagenen Waldohreule (re.).

Alarmierende Zeichen des Wildes: Der fast den halben Stamm der Fichte umfassende Sommerschälschaden (l.) wurde durch Rotwild verursacht, die Rotbuche (r.) über mehrere Jahre von Rehen verbissen.

Gipsabdrücke herstellen

Natürliche Abläufe und Erscheinungen prägt man sich am besten durch wiederholte Beobachtungen ein, aus denen im Laufe der Zeit fast unbemerkt ein reicher Erfahrungsschatz wird. Gerade bei der Fährten- und Spurenkunde gilt die alte Weisheit: Übung macht den Meister. Wenn Sie, liebe Leserinnen und Leser, bei gutem „Spür-Boden" ein Wildtier beobachten, gehen Sie bitte der Situation angemessen – also erst, wenn das Tier weitergelaufen beziehunsweise weggeflogen ist oder noch etwas später, um nicht zu stören – an diesen Platz und prägen Sie sich die Fährten, Spuren oder Geläufe noch unter dem Eindruck der Direktbeobachtung ein. Eine bessere Übung gibt es nicht.

Zu weiteren Übungszwecken und für die Aus- und Fortbildung empfiehlt es sich, möglichst naturgetreue Nachbildungen oder Präparate zur Hand zu haben. Nun kann man Trittsiegel bekanntlich nicht „ausstopfen". Dennoch können wir uns sehr einfach eine naturgetreue und dreidimensionale Kopie des Trittsiegels im Boden anfertigen.

Dazu benötigt man zunächst unterschiedlich große, rechteckige und möglichst zusammensetzbare Rahmen aus Metall, Plastik oder möglichst glattem Holz. Zur Not tut es auch ein starker Karton. Um für alle Fälle gerüstet zu sein, empfehlen sich die Maße 6x8, 8x10, 10x15 und 15x20 Zentimeter.

Der Trittsiegelgröße entsprechend drückt man den passenden Rahmen um die Fährte oder Spur beziehungsweise das Geläuf herum in den Boden. Den Boden drückt man direkt am Rahmen mit den Fingern etwas an, um eine möglichst gerade Gesamtfläche zu erhalten und den Rahmen abzudichten. Jetzt rührt man in einem Plastikbecher (unzerbrechlich, geringes Gewicht) etwas Gips oder ein Material mit ähnlichen Eigenschaften an – besser etwas zu viel als zu wenig. Den nicht zu dickflüssigen Gipsbrei gießt man anschließend vorsichtig und aus geringer Höhe in die Form, bis der Grund etwa zwei Zentimeter hoch bedeckt ist. Je nach Temperatur und Bodenfeuchte ist dieser Gipsblock nach 20 bis 30 Minuten ausgehärtet – es gilt also, Geduld zu bewahren.

Ist der Block wirklich ausgehärtet, nimmt man ihn vorsichtig aus dem Rahmen oder baut die einzelnen Rahmenteile ab, reinigt ihn vorsichtig von grobem Erdreich und packt ihn zum Transport in Stoff oder Papier. Zu Hause reinigt man den so gewonnenen Negativblock mit dem Pinsel und gegebenenfalls etwas Wasser. Der völlig saubere und harte Negativabdruck – der nun exakt der Fußform der jeweiligen Wildart entspricht – wird dann mit einer dünnen Fettschicht bestrichen oder mit Öl (zum Beispiel vom Waffenreinigen) besprüht und wieder in den Rahmen eingesetzt. Die

Ränder werden mit ewas Kitt oder Vaseline eben abgedichtet.

Man rührt nun erneut Gips an – mehr als beim Negativabdruck(!) – und gießt den Brei in den Rahmen. Nun heißt es erneut, Geduld zu üben. Am besten entfernt man den Rahmen erst am nächsten Tag. Trotz Öl, Fett oder Vaseline sitzen die beiden Blöcke zunächst relativ fest zusammen. Mit dem Messer werden beide vorsichtig voneinander getrennt. Den entstandenen Positivabdruck reinigt man zunächst von Resten und Unebenheiten. Dann wird er entweder mit Lack besprüht um die Gipsoberfläche zu versiegeln oder mit einer entsprechenden Sand- oder Bodenfarbe lackiert. Besser ist es, man mixt die entsprechende Farbe dem Gips des Positivabdruckes bei – durch die Färbung findet man die Schnittstelle zwischen den beiden Blöcken einfacher – und besprüht das Präparat anschließend dünn(!) mit Klarlack. Das erste Trittsiegel für die Sammlung im Haus ist nun fertig. Die Rückseite sollte mit folgenden Daten beschriftet werden: Wildart, Datum, Untergrund und Form des Trittsiegels (Ziehen, Flucht und so weiter).

Zum Testen und „Praxissammeln" beginnt man zunächst am besten mit dem Ausgießen kleinerer und flacher Trittsiegel. Zerbrochene Negativ- oder Positivabgüsse bleiben zumindest anfangs sicher nicht aus – dennoch ist die geschilderte Methode wirklich denkbar einfach, interessant und spannend. Holen auch Sie sich ihre eigene Fährten- und Spurensammlung ins Haus!

Tips und Tricks

- Ist ein Abdruck im Revier durch Sand oder Staub etwas zugeweht, pustet man ihn vorsichtig frei.
- Um die Festigkeit der Negativ- und Positivabgüsse zu erhöhen, gießt man zunächst eine dünnere (aber deckende!) Schicht in den Rahmen. Diese lässt man leicht anziehen und legt darauf ein entsprechend großes Stück kleinmaschigen Drahtgitters. Erst dann gießt man eine weitere Schicht darüber.
- Rührt man den Gips nicht in klarem Wasser, sondern in Seifenwasser an, werden die Abgüsse leichter und weniger brüchig.
- Zusammensetzbare Rahmen erleichtern den Transport.
- Hat man frische Läufe oder Federwildständer zur Verfügung, kann man durch entsprechend starkes Eindrücken in Ton oder eine anderen Modelliermasse gleich die entsprechenden Abdrücke herstellen.

Service

Zum Weiterlesen 117
Impressum 118

Zum Weiterlesen

▶ **Revierpraxis**

Behnke, Hans: Fasan und Rebhuhn. Biologie, Hege, Aufzucht. Kosmos, Stuttgart, 2001.

Frevert, Walter. Das jagdliche Brauchtum. Mit dem Wörterbuch der Jägerei. Kosmos, Stuttgart, 2001.

Menzel, Kurt: Die Altersansprache beim Schalenwild. Kosmos, Stuttgart, 2002.

Oppermann, Heinz: Technik des Jagdlichen Schießens. Kosmos, Stuttgart, 2002.

Petrak, Dr. Michael: Jagdreviergestaltung. Wildlebensräume planen, entwickeln, erhalten. Kosmos, Stuttgart, 2000.

▶ **Jagdhunde**

Frevert, Walter, Bergien, Karl: Die Führung des Schweißhundes. Kosmos, Stuttgart, 2000.

Hegendorf / Uhde: Der Gebrauchshund. Kosmos, Stuttgart, 2002.

Markmann, Hans-Jürgen: Der Jagdhundwelpe. Kosmos, Stuttgart, 2001.

Markmann, Hans-Jürgen: Vom Welpen zum Jagdhelfer. Kosmos, Stuttgart, 2000.

Schröder, Emmo: Der Kleine Münsterländer. Kosmos, Stuttgart, 2000.

▶ **Jagdliche Unterhaltung**

Harling, Gerd von: Afrikanische Pirsch. Stuttgart, Kosmos, 2002.

Hoene, Kai-Uwe: Rotröcke und Ramsnasen. Stuttgart, Kosmos, 2001.

Kleinau, Gerhard: In den Fluren der Altmark. Stuttgart, Kosmos, 2001.

Raesfeld, Ferdinand Frhr. von: Aus jungen Tagen. Stuttgart, Kosmos, 2001.

Winsmann-Steins, Burkhard: Mit den Augen des Jägers. Seine schönsten Fotografien (Bildband). Stuttgart, Kosmos, 2001.

Witzel, Herbert: Fährten in vertrauten Revieren. Stuttgart, Kosmos, 2001.

IMPRESSUM

Umschlaggestaltung von eStudio Calamar unter Verwendung einer Aufnahme von Tierbildarchiv Angermayer

Mit 102 Farbfotos, 54 Illustrationen und 2 Schwarzweißfotos

Nachweis der in dieser Auflage zusätzlich enthaltenen Neuzeichnungen
S. 44, 54, 56, 64, 66, 87, 99, 103, 105, 114: Dr. Franz Müller

Fotonachweis:
S. 91 o.: Manfred Dannegger – S. 44, 46, 49 o., 52, 53 u., 56, 58 u., 61, 65, 68 u., 70 u., 72 u., 75, 78 u., 80 l., 81, 84 r., 87 r., 93 l., 94, 96 l., 97 l., 98 r., 100 r., 104, 105 r., 107 r., 109 l., 110 l., 111: Joachim Jenrich – S. 113 M l.: Johannes Lang – S. 25, 30, 34, 51, 53 o., 55, 68 o., 70 o., 78 o., 79 r., 80 r., 86, 92, 109 r., 110 r.: Reinhard-Tierfoto – S. 63 o.: Heinz Schrempp – S. 18, 41 o., 113 o. l., 114 u. l.: Olaf Simon
Alle weiteren Aufnahmen von Alfred Limbrunner

Die Deutsche Bibliothek – CIP-Einheitsaufnahme

Ein Titelsatz für diese Publikation ist bei
Der Deutschen Bibliothek erhältlich

Bücher · Kalender · Spiele · Experimentierkästen · CDs · Videos
Natur · Garten & Zimmerpflanzen · Heimtiere · Pferde & Reiten · Astronomie · Angeln & Jagd · Eisenbahn & Nutzfahrzeuge · Kinder & Jugend

KOSMOS Postfach 10 60 11
D-70049 Stuttgart
TELEFON +49 (0)711-2191-0
FAX +49 (0)711-2191-422
WEB www.kosmos.de
E-MAIL info@kosmos.de

Informationen senden wir Ihnen gerne zu

Gedruckt auf chlorfrei gebleichtem Papier

Alle Angaben in diesem Buch erfolgen nach bestem Wissen und Gewissen. Sorgfalt bei der Umsetzung ist indes dennoch geboten. Der Verlag, der Autor und die Herausgeber übernehmen keinerlei Haftung für Personen-, Sach- oder Vermögensschäden, die aus der Anwendung der vorgestellten Materialien und Methoden entstehen könnten.

© 2002, Franckh-Kosmos Verlags-GmbH & Co., Stuttgart
Alle Rechte vorbehalten
ISBN 3-440-08923-1
Lektorat: Ekkehard Ophoven
Produktion: Siegfried Fischer, Stuttgart
Satz und Reproduktion: Typomedia Satztechnik GmbH, Ostfildern
Printed in Czech Republic/Imprimé en République tchèque
Druck und Bindung: Těšínská Tiskárna, a. s., Český Těšín

KOSMOS

Erlebnis Jagd

Brauchtum und Jägersprache

Die Jagd ist eine Leidenschaft, und sie erfordert ein hohes Maß an Fachwissen und handwerklichem Können. Darüber hinaus ist Jagen heute die Fortsetzung einer langen und bewährten Tradition. Der Name Walter Frevert steht für diese Tradition und er hat mit diesem Buch ein Standardwerk des Brauchtums und der Jägersprache geschaffen.

- Bruchzeichen, Jagdsignale, Gebräuche nach dem Schuss
- Die Sprache des Waidmanns: Das Wörterbuch der Jägerei
- Aus der Geschichte des jagdlichen Brauchtums

Walter Frevert
**Das jagdliche Brauchtum –
Mit dem Wörterbuch der Jägerei**

272 Seiten
gebunden

ISBN 3-440-08251-2

www.kosmos.de

KOSMOS

Erlebnis Jagd

Aus der Praxis für die Praxis

Zu jung? Alt genug? Jeder Jäger kennt den Moment, in dem er entscheiden muss, ob das Wild dort vor ihm das richtige Alter hat. Eine wichtige Entscheidung, denn wer hier grob daneben liegt und dennoch schießt, schadet dem Wild. Dr. Kurt Menzel hält seit vielen Jahren Vorträge über dieses wichtige Thema. Er weiß, worauf es bei der Altersbestimmung des Schalenwildes ankommt.

- Alle wichtigen Ansprechmerkmale der sechs wichtigen Schalenwildarten
- Die Altersbestimmung am erlegten Stück: Zahnentwicklung, Zahnabschliff, Jahresringe und mehr

Dr. Kurt Menzel
Altersansprache beim Schalenwild

128 Seiten
ca. 110 Abbildungen
gebunden

ISBN 3-440-09134-1

www.kosmos.de